JN409883

소가 우리 가족을 살려준 사연

차석규 수필집

차석규 수필집

소가 우리 가족을 살려준 사연

인쇄| 2016년 7월 25일
발행| 2016년 7월 30일

글쓴이| 차석규
펴낸이| 장호병
펴낸곳| 북랜드
06252 서울시 강남구 강남대로 320, 황화빌딩 1108호
대표전화 (02) 732-4574 | (053) 252-9114
팩시밀리 (02) 734-4574 | (053) 252-9334
홈페이지| www.bookland.co.kr
이-메 일| bookland@hanmail.net

책임편집| 김인옥
영　업| 최성진

ⓒ 차석규, 2016, Printed in Korea
저자와의 협의하에 인지를 생략합니다.

ISBN 978-89-7787-666-8 03810

값 12,000 원

소가 우리 가족을 살려준 사연

차석규 수필집

북랜드

축하의 말씀

장호병 | 수필가, 대구문인협회장

어느 역사가가 말하기를 "끝없이 흐르는 세월은 뭇사람들이 알고 있는 이야기를 묻어 버리기도 하고, 모르고 지나갈 뻔한 사실을 새삼 깨우쳐 주기도 한다."고 했습니다.

차석규 선생을 안 지는 30여 년이 됩니다. 자전거로 중앙통과 남산동을 누비면서 평생 책과 인연하여 한 우물을 파셨으며, 대구지역 서점계의 지킴이이십니다. 선생께서는 1991년 "거창사건 40년 전 그리고 그날 이후"가 중앙일보 넌픽션 공모 최우수작으로 선정되어 화려하게 문단에 데뷔하였습니다. 문단에 들어온 이후 자주 만나 서로 교감을 나누며 살아오고 있습니다.

차 사백님의 글을 대할 때면 우리가 잊고 살아가는, 그러나 잊지는 말아야 할 이야기들을 만나게 됩니다.

그 가운데 이 책의 제목이 된 「소가 우리 가족을 살려준 사연」을 읽고 잔잔한 감동을 받았습니다. 사람들은 자기 자신이 직접 당해 보지 않은 일은 예삿일로 치부하기 일쑤입니다. 이 글은 많은 세월이 흘러갔으면서도 동시대를 살았던 사람은 물론, 세대를 뛰어넘어 내가 당해본 것처럼 나를 붙들고 이야기 속으로 들어가게 함으로써 우리들에게 엊그제 일처럼 생생한 기억을 되살려줍니다.

이 책은 지난한 가난을 헤치고 개발시대의 성공신화를 이루어낸 한 시대의 증언록이자 삶의 지침서라 해도 좋을 것입니다. 시계를 좀 더 과거로 돌린다면 우리의 심금을 울리고 감동을 주기에 충분할 것입니다.

세월만큼 강력한 지우개는 없습니다. 시간의 흐름 속에서 잊혀지지 않고, 사라지지 않는 것이 있겠습니까?

세월은 강물처럼 흘러갑니다. 뒤돌아보지 않습니다. 앞만 보면서 묵묵히 흘러갈 뿐입니다. 우리의 삶도 한 순간에 아날로그에서 디지털로 그 흐름을 바꾸어가고 있습니다. 어제까지의 눈앞 일이 어느 사이에 생소해집니다.

강물을 되돌릴 수 없듯이, 우리의 삶도 되돌릴 수는 없지만 그 때를 기억한다면 보다 유용한 흐름을 택할 수 있을 것입니다.

이 책의 글들 역시 흘러가고 묻혀버릴 뻔한 이야기가 많습니다. 그러나 훗날 뭇사람들은 이 글을 읽고 그 당시 현장으로 빠져 들어가는 묘미를 느끼리라 기대합니다.

평생을 함께 해온 종이책이 변신에 변신을 거듭하듯 우리 삶의 모습도 엄청 크게 변화하고 있습니다. 다만 우리는 빠르게 달리는 열차를 탑승한 관계로 그 속도를 민감하게 느끼지 못할 뿐입니다. 열차 곁에서는 그 속도가 실로 아찔할 정도이겠지요.

아날로그 신사 차석규 사백은 디지털시대 세대들이 잊지 말아야할 이야기들을 계속 들려주고 있습니다. 차 사백님을 뵈면 나이가 든다는 것은 낡아지는 것이 아니라 익어간다는 사실을 깨우치게 됩니다.

차석규 사백님, 수필집『소가 우리 가족을 살려준 사연』상재를 축하드립니다. 하시는 일마다 보람과 기쁨 크게 누리시면서 건필하시를 기원합니다.

책을 내면서

어느덧 80성상을 훌쩍 넘기고 90을 바라보는 찰나에 있다. 이 땅에 사는 80성상 이쪽 저쪽을 살고 있는 사람들을 가리켜 행운아라 부르고 또한 온갖 고생을 혼자 짊어지고 살아온 슬프고도 불쌍한 사람들이라고 하겠다. 행운아란 말은 용하게도 지금껏 살아남았기 때문이다.

10세 20세 때는 일본치하에서 제2차대전을 겪어야 했으며, 6.25전란을 용하게도 피하여 살아남았기 때문이다. 4.19혁명, 5.16군사혁명을 거치면서 밤낮도 구별없이 일하는 데 골몰하였으며 민주화 과정을 눈으로 보고 겪어야 했다.

또한 40, 50세 때에는 자식 공부 시키랴 먹고 사는 데 등뼈가 휘어져 살아야 했다.

따라서 50, 60세를 지나면서 좋은 일 궂은 일 다 겪으면서 배를 움켜쥐고 살았다.

이에 70, 80 전후로 살고 있는 사람들은 이 나라를 이끌어오면서 살아온 역사를 고스란히 안고 있는 도서관이라 할 수 있다.

저자도 전쟁의 부산물로 얼룩진 저 유명한 거창사건의 현지에서 살았고, 보았기에 지금도 어제 일같이 생생하게 기억한다. 웬만한 일은 세월이 지나고 나이가 먹으면 잊어버리기 일쑤인데 그 틈바구니에서 용하게 살아남은 기적을 한시도 잊어버릴 수 없다.

지난 1991년 중앙일보 논픽션 공모전에 거창사건 실상을 엮어 제출하였다. 그때 나는 감히 바라지도, 꿈도 꾸지 않았는데 최우수작으로 선정되었다. 논 픽션의 심사 기준은 이렇다. 소설과 같이 글을 매끄럽게 잘 다듬어진 글이 아니어도 된다. 어디까지나 허구 없이 진실이 묻어 있어야 하고 세상에 아무도 몰랐던 일을 비로소 나타내는 글이어야 한다는 것이다.

글재주는 둘째 문제이고 어디까지나 있는 그대로 발굴하여 사람에게 감동을 주어야 한다는 것이다.

내가 쓴 글에 대한 지금껏 여러 사람의 의견은 이렇다. 글이 매끄럽지 못하다는 것이다. 나도 그렇게 생각하고 있다. 그리하여 이것이 글이라고 내놓을 작품이 아니라는 것을 알면서도 그동안 모은 글을 상재한다. 부끄러울 뿐이다. 훗날 후손들이 읽고, 아 그때 그런 일이 있었구나 하고 기억해 줄 것이란 만용만 의지할 따름이다.

이 책을 상재하여 간행해 주신 북랜드 직원 여러분과 장호병 대구문협 회장님께 감사의 말씀을 드린다.

2016년 7월 15일

차석규

차례

제2부 소가 우리 가족을 살려준 사연

제3부 인생의 삶과 죽음

제4부 6.25 한국전쟁을 다시 생각한다

제 1 부

한국은 멋진 나라,
서점은 어디 있죠?

한국은 멋진 나라,
근데 서점은 어디 있죠?

지난 1월 영국 유력지 파이낸셜 타임스(FT)에 「나의 멋진 한국의 비밀(The Secret of my trillion Korea)」이란 제목의 칼럼 하나가 실렸다. 칼럼을 쓴 사람은 영국의 라이프 스타일 잡지 모노클Monocle의 발행인 겸 편집장 타일러 브륄레Brule, 43)였다.

모노클은 문화부터 정치 경제까지 아우르는 잡지를 매년 발간해 <가장 살기 좋은 도시> 랭킹을 발표해 영향력을 다지는 잡지다.

한국은 2011년에 서울이 세계 19위라고 쓴 바 있다. 브륄레는 손꼽을 수 없을 정도로 한국에 자주 왔으며 지한파이기도 한 사람이다. 그가 이번에 한국이 문화선진국 대열에 들어서기 위해 개선해야 할 부분을 콕 집어냈다.

그가 꼽은 한국의 첫 번째 개선 사항은 '서점'이었다. 김포공항의 세븐일레븐에서 잡지를 사곤 했는데 그마저도 다 치웠더라고 하였다. 홍콩이나 싱가폴, 일본 공항에 가면 스무 걸음마다 서점이나 커다란 가판대가 나온다고 한다. 공항뿐 아니라 도심도 마찬가지다. '서점은 그 나라 문화를 보여 주는 척도다."라고 말한다. 그는 대만에선 24시간 문을 여는 예쁜 디자인의 서점도 있다고 한다. 서점을 보기 위해 일부러 대만을 찾는 이도 있다며 소소하지만 그게 문화라고 일러주고 있다.

둘째는 문화적 친밀감이다. 그는 '오세훈 시장 주도로 서울이 바뀌는 건 긍정적이지만 그저 나무나 심고 자전거 도로를 늘린다고 해서 디자인 도시가 되는 것은 아니다'고 했다. 조그만 레스토랑과 가게가 들어서면서 사람들의 발길이 잦아진 이태원 골목처럼 포근하고 인간적인 공간을 만드는 게 중요하다는 것이다.

필자는 1954년부터 서점을 하였다. 어떤 이는 대학교를 나와서 왜 서점을 하느냐고 반문하는 사람도 있었다. 돈을 벌려면 문화 사업을 하면 안 된다고 하였다. 맞는 말이다. 직업은 그 사람의 취미나 긍지가 따르기 마련이다. 그 사람의 직업이 우선 돈을 벌고 보자는 목표가 있으면 어떠한 여건이건 목숨을 건다. 하지만 자기가 하는 업이 밥벌이보다는 이웃과 사회, 나아가 국가에 도움이 되고 발전하는 업이라고 생각하는 데서 길은 달라진다.

일본 사람이 한국에 와서 느낀 점은 이런 것이었다. 자기나라 국민들은 아직도 한 손에 책을 들고 다닌다. 사람이 사는 곳이면 서점이 있게 마련이다. 그러나 한국 사람은 지하철, 기차 혹은 여행하는 사람들을 볼 때 책을 들고 다니는 사람이 눈에 띄지 않는다고 한다. 그러므로 '한국은 일본을 따라 올 수 없을 것이다.'라고 혹평을 한 기사를 읽은 적이 있다. 오늘날 한국을 이만큼 국가 브랜드를 끌어올린 세대는 50, 60, 70대 이상 되는 일꾼들이 주축이었다고 보면 되겠다. 그들은 책과 함께 자란 세대이다. 지금 한국 사회는 전자시대에 접어들어서인지 서점은 거의 문을 닫았다. 대구만 하여도 '90년대 이전까지만 하여도 100여 곳 신간서점이 있었다. 지금은 어떤가? 토착 서점은 다 없어졌다. 그나마 헌 책방 10여 곳이 남아 있다. 지금 자라는 20대가 장년이 되었을 때를 생각해 본다. 과연 전자책, 인터넷으로만 공부하여 그 머리에 계단처럼 쌓여지는 지식이 입력될 수 있을까? 요사이 학생들이 공부하는 책을 보면 한 장도 공부하지 않고 값비싼 책을 그대로 팔려고 가져온다. 때로는 섬뜩한 생각이 든다. 이래도 학점을 받았을까.

'70년대 대구 중앙통 서점에서 있었던 일화 한 토막이 생각난다. 하루는 어떤 운전기사가 급히 서점 안으로 뛰어 들어왔다. 한자를 써 넣어야 할 서류가 있는데 마침 모르는 한자 한 가지 가르쳐 달라며 사정하였다. 점주는 옥편을 찾아 친절히 가르쳐주었다. 며칠 후 전에 그 기사가 얼마 전 도와주어서 고맙다고 하면서 몇 권의 책을 사 가지고 가더라는 이야기다. 이런 것이 세상 사는 사람들의 이야기가 아니려나. 지금은 고인이 되었지만 전국서적상 조합장 이병인 씨는 이런 말을 들려주곤 하였다. "독자에게 좋은 책을 권하는 것은 약사가 환자에게 알맞은 약을 조제 판매하는 것처럼 사람의 영혼을 살리게 하는 사명감으로 하여야 한다."고 하였다. 참으로 맞는 말이다.

'서점은 거리의 도서관이요 주인은 보수 없는 선생님'이라는 것을 명심하라 하였다.

대구 시민의 혼을 살리는 훌륭한 자선사업가가 중앙통 어느 한 곳에 대형서점을 만들어 대구시민의 등대지기로 나타났으면 하는 바람이다.

대구문학관 그리고 향촌문화관

향촌동 입구에 있던 옛 상업은행 건물을 리모델링해서 향촌 문화관과 대구 문학관이 개관되었다. 유럽 여러 나라를 둘러 본 여행객들 중 오스트리아 빈에 갔을 때 도시 뒷골목을 둘러보는 골목투어를 하는 중에 유명음악가의 살던 곳이라 하여 입장료를 물고 구경하였다는 것이다.

대구는 6 · 25 전쟁 중 용케 전화를 면한 곳이다. 따라서 수백 년을 간직한 뒷골목이 있다. 400여 년 된 대구성은 1906년 박중양에 의해 헐려 버렸다. 이 성이 있었으면 세계적인 명물이 되었을 것인데 못내 아쉬워하는 사가들도 있다.

대구 중구청장(윤순영)은 금년 지방자치 단체장선거에서 3선을 하였다. 쉬운 일이 아니다. 그는 문화를 사랑하는 기관장이기도 하다. 대구사람이 잊혀져가는 골목을 새로 단장하고 다듬어 전국에서 으뜸가는 골목투어를 개발하여 그 위상을 높여 어러 번 대상을 수상하기도 하였다.

이러하여 도심에 대한 살아 있는 이야기를 발굴하기 위해 '도심재생문화재단'을 설립하였다. 도심의 지난 일들을 기억하는 어르신 개개인의 치열했던 생애사를 기록 보전하는 것이 시급하다는 의견에 따라 생애사 쓰기를 하였다.

3년 계획을 세웠다. 2012~2013~2014년 3년 동안 대구 중구에 오래 사신 노인층 즉 70세 이상 되는 어르신들의 자술서를 쓰셔서 각자의 책자를 엮었다.

"노인 한 분이 돌아가시면 도서관 하나가 사라진다"는 말에 많은 분들이 공감하는 것처럼 도심재생문화재단이 추진한 생애쓰기가 폭발적인 반향을 일으켰다는 말을 들었다.

전국 132개 지방자치단체장 연석회의에서 『대구 중구 생애사』 책자를 소개한 결과 전국에서 중구청이 제일 먼저 시작하였다기에 자부심을 느꼈다고 했다. 대구에는 그동안 대구역사책자가 많이 있기는 하다. 그 가운데 하나의 예를 진골목에 관한 이야기는 매우 간략하지만 의미가 있었다.

대개의 사람은 진골목(긴골목)은 염매시장에서 종로로 접어들면서 골목길이 남일동 끝자락까지만 이어 진다고만 알고 있다. 그러나 진골목은 참으로 긴 길이었다는 것을 이번 생애사 쓰기에서 즉 지금의 대구백화점까지였다는 것을 알았다.

봉산동 입구에서 35년간 낚시업을 하는 박성삼씨의 증언이다.

진골목은 이조 시대 수백 년 동안 대구성 안에 살았던 사대부 양반들로서 손톱 밑에 흙 넣지 않고, 없는 사람들 피땀 짜먹는 사람들의 세거지였다는 것이다. 1935년경 중앙통이 역전에서 남산동 남문시장 쪽으로 12간 도로가 개통되면서 진골목은 반으로 줄었다고 하였다. 대구가 중구

지역의 역사 등 지나온 삶의 조각들이 고스란히 담겨 있는 것을 어디서 누가 전해 줄 것인가.

1920년경부터 현재에 이르기까지 중구를 중심으로 하는 생활과 문화 정치 종교 교육 분야 등 근현대의 일상을 역사의 지평으로 재구성, 기록함으로써 지역주민뿐 아니라 지역의 생활사를 연구하는 분들에게도 의미있는 자료로 활용되었으면 한다.

향촌동은 1960년대까지만 하여도 시내(성내)로 불리었다. 하지만 지금의 향촌동은 철지나고 퇴락한 모습으로 노인들이나 가끔 오가는 낡은 거리가 되고 말았다. 6·25전쟁과 함께 피난 문단이 형성된 곳이기도 하다. 1950년대를 풍미했던 문인들이 드나들던 건물이 아직도 옛 모습을 간직하고 있다.

전쟁의 소용돌이 속에서 낭만과 일화가 스며있는 곳이다. 구상시인이 단골로 묵었던 화월여관이 있고, 백록다방, 모나미 다방, 문화살롱이었던 녹향이 있었던 골목이 있다. 전시 전후반기 피난문인들과 예술인들이 전쟁 후유증 속에 실향과 예술에 대한 꿈을 달랬던 곳이다.

오상순, 김팔봉, 마해송, 조지훈, 박두진, 구상, 정비석, 최정희 등 문인과 작곡가 김동진 등 한국을 대표하는 문인들이 여기서 피란살이를 했다.

필자는 이런 사람 가운데 군복차림에 군모를 쓰고 키 자그마한 장덕조 소설가를 아직도 잘 기억하고 있다. 향촌동에 문인들이 모여 들었던 배경에는 서점을 들 수 있다. 장덕조 그분은 서점에 들러 이런저런 책을 펴보는 것이 일상이었다. 나는 고학을 하면서 학교를 다녔다. 잡지책을 도청(1965년까지 도청이 있었고 현재는 경상감영공원) 직원에 외상으로 배부하고 월말이면 수금하여 갚아주던 장사를 하였기에 몇 년간 이런 분들을 만날 수 있었다.

김원대 씨가 제일처음 중앙통에 문을 연 계몽사(사진 갖고 있음)를 비롯, 대영당서점, 태양당, 철야당은 1950년대에 있었고 1950년대 후반부터 본영당, 영등포서점, 자유서점, 학원서점, 대우서점, 대경서점, 대덕서점, 박서점, 명문당, 문화서점, 문성당, 문우당, 연문사 등이 있었다. 1960년 후반에 위의 서점 외에도 많이 있었다. 그러나 세월과 함께 다 문을 닫았다. 지금 70, 80, 90년대 사람이면 기억이 날 것이다. 서점은 닫았지만 추억은 남아 있을 것이다.

이제 대구에도 골목투어가 활기를 띠고 있다. 동산 3.1 운동거리에서부터 시작해 이상화 고택, 서상돈 국채보상 운동기념고택을 이어 경상감영공원으로 해서 대구문학관으로 골목투어가 활성화되었으면 하는 바람이다.

대구문학관에는 생애사 쓰기에 동참했던 평범한 사람들의 애장품이 함께 전시되어있다. 관람자의 관심과 평가를 기대해본다.

꿈에 본 지옥

"이것이 인생이다" 이 프로는 KBS 1TV에서 방영되는 것이다.

대구 봉덕동에서 중국집을 하는 박권용(47)이라는 분이 TV에서 자기가 걸어온 인생역정을 담담하게 이야기하는 모습이 보통사람과는 다른 데가 있어 보였다.

집에서 멀지 않은 곳이어서 직접 만나 대화를 나누고 싶어 하루는 시간을 잡아 자전거로 찾아갔다. 앞산 미군비행장 봉덕동 근처 '동해반점'을 어렵사리 찾을 수 있었다.

짜장면을 시켜 먹으면서, 눈코 뜰 사이 없이 움직이는 박권용을 유심히 보았다. 벽 삼면에는 표창장, 감사장, 공로패, 기념패 등등 30여 개가 빙 둘러 걸려 있었다. 어느덧 그는 대구지역사회에서 유명인사가 되었다는 것을 짐작하였다.

바쁜 시간이 지나간 듯하여 대좌하여 말문을 열었다. 그분의 고향과 나의 고향이 붙어 있어 쉽게 친숙함을 느끼면서 대화를 이어갔다. 그는 실타래를 풀어나가듯 자기 자랑하며 세상모습을 재미있고, 또한 눈물겨운 이야기 거리가 한꺼번에 쏟아져 나왔다. 그 가운데 '꿈에 본 지옥' 이야기가 재미있었기에 귀담아 들었다.

봉덕동에 자리잡기 이전에는 평리동에서 반점을 하고 있을 때라고 한다. 일요일, 교회 간 아내가 시간이 넘었는데도 오지 않아 속이 부글부글 끓어오르고 있었단다. 중국집은 일요일에 손님이 많다는 것. 그렇잖아도 근처에 중국집이 새로 하나 더 생긴 후라 신경이 곤두세워져 잠도 제대로 잘 수 없는 때라, 뭐 이 마누라가!

마침내 아내가 안으로 들어섰을 때 그는 입에 담을 수

없는 욕을 내뱉으며 주먹을 날려 버렸다는 것이다. 그런 다음 아내의 손에서 성경책을 빼앗아 도마 위에 올려놓고는 크고 넓직한 중국 부엌칼로, 반쪽을 내어 버렸다는 것이다. 그는 오랫동안 기독교를 대단히 싫어했다. 그가 만난 기독교인들이 인색한 사람들이었기에 기독교에 대한 거부감의 중요한 원인이 되었다 한다. 나같은 따라지도 남을 돕겠다고 하는 판인데 도대체 교회라는 데는 왜 다니느냐 하는 교만한 심보였다 한다. 그런 심보가 굳어지니까 교회 다니는 사람을 보면 꼴도 보기 싫고 아내가 다니는 교회의 목사나 신도가 찾아오면 심지어 욕을 해서 쫓아내기도 하였다 한다. 그렇게 40여 년을 살았던 그가 회개하고 기독교인이 된 게 7년 전이라 한다. 그를 돌아서게 만든 것은 잊을 수 없는 신비로운 꿈이었다 한다.

꿈속에서 교통정리를 하고 있었다. 등 뒤에서 누가 부르는 소리가 들리기에 돌아보니 검은 가운을 입은 점잖고 풍채 있는 남자가 서 있다가 대뜸 물었다.

"저 차들이 어디로 가는지 아시오?"

"제가 그것을 어떻게 알겠습니까?"

"그럼 네가 가야 할 길은 어디냐?"

"예. 그냥 살다가 죽으면 되는 거지 ……."

"죽은 다음 심판이 있는 것을 아느냐?"

그런 다음에 한 소리가, 마른하늘에 날벼락처럼 들리었다. 아내가 뺑소니차에 치여 죽었으니 어서 가서 시체를 찾아보라는 것이다. 허겁지겁 반점 앞으로 달려왔다. 과연 찌그러진 배달통, 깨진 그릇이 흩어져 있고 빨간 피가 낭자한데, 마누라의 모습은 보이지 않았다 한다. 아이구 여보…… 나 만나서 한평생 고생만 하고 침대 위에 자 보는 것이 소원이라더니 침대에서 한 번 자 보지 못하고 당신이 이렇게 가버린다면…… 내가 아무리 남을 도운들 이게 웬일인가 하고 목놓아 울고 있는데 삼거리에서 만난 남자가 또다시 나타났다.

"죽이고 살리는 일은 하나님이 하시는 일, 아내를 찾으려면 교회로 가 보시요."

그는 부리나케 교회로 달려갔다. 평소에 교회와 목사에게 했던 자기의 소행이 생각나서 마음이 걸리었으나 이것저것 따질 판국이 아니었다. 목사님과 학생들이 꽃을 들고 나와서 한아름 안겨주었다는 것. 꽃향기를 맡자 새로움이 북받쳐 눈물이 쏟아져 나왔다 한다.

어릴 때 배고파서 도둑질했던 일, 열한살 때 중국집에 들어가서 고생했던 일, 이루어놓은 것도 없이 살려고 발버둥쳐본 일들이 주마등처럼 머릿속을 스치며 지나가고 있었다.

목사님이 말했다.

"죽고 사는 것은 내 소관이 아니니 아내를 찾으려면 하늘나라로 가 보세요."

"하늘나라는 어떻게 가는가요?" 그의 물음과 동시에 하늘에서 사다리가 내려와 땅에 닿았고 하늘에서 소리가 들려왔다.

"발을 얹어라."

"저 말입니까?"

"그래, 너."

까마득하게 하늘에 닿았던 그 사다리 중간에 이르렀을 때 하늘에서 소리가 들리었다.

"아래를 한 번 내려봐라!"

사다리 저 아래에서 끔찍한 일이 벌어지고 있지 않은가. 엄청난 넓은 땅덩어리 위에 수많은 인간들이 갖가지 맹수들한테 물어뜯기고 찢기고 있는가 하면 뱀이 여자의 입으로 들어가 자궁으로 나오고 남자의 항문으로 들어가 머리로 나오는 무시무시한 광경이 벌어지고 있었다.

"너는 저걸 보고도 예수 믿지 않겠느냐?"

다시 하늘에서 소리가 들리었다.

"아이구 믿겠습니다. 믿고말고요. 제가 왜 안 믿겠습니까!"

겁에 질린 그는 소리를 지르면서 그 끔찍한 광경 한 복판으로 떨어지고 말았다. 뱀이 달려드는데 내 온몸을 휘감고 맹수들이 엉덩이를 물어뜯었다. '내가 이대로 죽는구나' 하는 생각이 드는 순간 하늘에서 천사가 떨어져 짐승들을 쫓아버리지 않는가!

그는 다시 사다리로 하늘로 올라갈 수 있었다. 사다리는 천국에 닿았다. 흰옷을 입고 넓적한 부채를 든 아름다운 여자 셋이 나를 맞는다. 천사인 것 같다.

"저기 당신이 그렇게 싫어하는 분이 계십니다."

"보세요."

그분의 얼굴을 보지 못했으나 커다란 어깨와 발뿐이었다.

"저 분이 예수님이요."

갑자기 땅으로 사다리가 놓이자 나는 그것을 타고 땅으로 내려오는 순간 눈을 떴다. 꿈이었다. 옆에 마누라가 누워있지 않은가. 어서 속히 손을 코에 갖다 대었다. 숨을 쉬고 있었다. 이 신비한 꿈을 꾸고나서 봉사에 대한 그의 태도에서 변화가 일어났다 한다. 예수를 믿게 되면서 확실하고 분명한 목표로 남을 돕고 신앙인으로서 거듭났다고 회고하는 박권용. 그는 분명 얼굴에 평화가 깃들어 있었다.

<장로문학 2001년>

문희갑 전 시장, 그리고 600만 그루 나무

1990년 인도 '방가로르'에 선교 여행차 간 일이 있었다. 인도는 18, 19세기 200여 년 동안 영국의 지배를 받았음인지, 인도 여행에서 기억에 남는 것은 아름드리 가로수가 하늘을 가리고 있었다. 수령이 100년이 넘는 것 같은 고목 가로수가 즐비하였다. 우리나라에는 저런 나무들이 없다는 막연한 생각을 하였다.

1995년경이다. 일본의 교토, 후쿠시마 등지에 선교 여행을 갔을 때다. 가로수 전지한 것을 인상 깊게 보았다. 가급

적 가지를 짧게 하지 않고 최대한 살려서 잎이 무성하게 우거지도록 하고 있었다. 대구에서는 봄이 되면 가로수 전지를 한다. 너무 짧게 자른다. 보기에도 안타까울 때가 있어 보였다. 필자는 시청 녹지과에 "왜 나뭇가지를 모질게 자르느냐?"고 항의한 적이 있다. 그 뒤로 가로수 전지를 여유 있게 하여 잎가지가 많이 남아 푸르게 하는 것을 보았다. 고마운 일이었다.

내가 사는 동리에 있었던 일이다. 횟집 앞에 플라타너스나무가 있었다. 죽은 나무도 아니었다. 어느 날 밤, 이 나무가 장사하는 데 간판이 가리어 방해가 된다고 생각하였는지 베어버렸다. 동사무소에 전화하였다. 원상태로 하게끔 감독하기 바란다는 뜻을 전달한 후 결국 그곳에 새로 나무를 심은 것을 보았다. 자기 장사하는 것만 생각하고 가로수를 베다니 참으로 딱한 시민이 아니었나 생각하였다.

전국 도시 가운데 가로수가 가장 많은 곳이 어디일까? 아마 서울이 아닐까 생각한다. 1960년도 군사 정부 때이다.

김현옥 시장이 녹색 정책을 펼쳤다. 그분 덕분에 서울이

숲이 우거진 도시로 탈바꿈하였다. 또한 그가 내무장관이 되었을 때다. '전 국토의 공원화'란 꿈을 이루고자 산에 벌목 금지와 나무 심기 운동을 강력히 추진한 결과 오늘날 이 정도라도 온 국토가 산림이 우거진 결과가 되었다고 다들 이야기한다.

대구 명덕로터리에 남산동우체국이 있다. 우체국 앞에는 마당이 있다. 이 공간에 틈만 나면 자동차 주차장이 되곤 하였다. 문희갑 시장이 시정할 때다. 이곳에 느티나무를 촘촘히 심었다. 나무들 사이에 벤치가 놓여졌다. 나는 이 벤치에 사람들이 잠시나마 쉬어 가는 길손들을 만난다. 그리고 문희갑 시장을 생각한다. 그가 재임 7년 동안 나무 심기 사업을 열심히 펼치었다. 자동차 길 6차선 8차선 되는 곳이면 으레 길 복판에 화단을 만들어 나무를 심었다. 플라타너스를 비롯 느티나무, 이팝나무, 소나무, 은행나무를 많이 심었다.

식물학자는 말한다. 은행나무는 3억 5천만 년 전에 지구상에 처음 나타나 지금까지 그 모양과 형태를 바꾸지 않고 하나의 수종으로 살아온 나무, 살아 있는 화석이라고 한다. 인위적 손실이 없는 경우 50m 이상 단정하고 곧게 자라는 것이 영국 신사에 비유되는 나무다. 은행잎은 떨어져 길거리에 뒹굴더라도 구겨지거나 모양이 변하지 않는다. 다른 나무와 달라 깊이 뿌리 내리며 비바람도 이겨내는 나무이다. 그리고 오래 산다. 수관樹冠이 크고 아름다우며 병충해의 피해가 덜하고 잎에서 추출된 물질은 혈액순환제로도 쓰이고 열매는 약성도 높아 쓰임새가 많은 나무이다. 봉산동 가구골목, 건들바위가 있는 거리는 은행나무 거리다.

여름이면 대구 더위가 항상 전국 순위에 먼저였다. 그런데 근래 와서 대구의 여름 더위가 많이 누그러졌다는 것이다. 왜냐하면 도시가 푸르게 되었기 때문이라고 한다. '대구 시민은 여름이면 대구의 대표적인 휴식 공간을 어떻게 만들 수 있을까?' 문희갑 전 시장은 고민하였다. 50년, 100년 후에 까지 남길 수 있는 일은 대구를 푸르게 만들어 후손들에게 물려줄 수 있는 나무 심기 사업을 역점으로 두었다.

1995년부터 신천둔치를 개발하여 시민들의 휴식 공간

으로, 체력 수련장으로, 문화 공간으로 가꾸어 시민에게 돌려주는데 많은 투자를 하였다. 지금은 많이 진화하고 있음을 본다. 앞산공원, 두류공원, 팔공산에도 체력 단련 시설들로 인하여 시민들이 반기고 있다.

내게 좋은 책 한 권을 꼽으라 한다면 『나무숲』이라고 말하고 싶다. 좋은 책은 한 장 한 장 아끼며 읽듯이 『나무숲』 책장을 가만히 넘기다 보면 한 그루 나무에도 낙원을 본다고 하겠다. 문희갑 시장 재임 동안 600만 그루 식목으로 가로수 가꾸기, 대곡 수목원, 신천둔치 개발 등 손으로 꼽으려도 모자란다.

풍요로운 나무와 꽃들이 대구 시민들의 마음에 물기를 얹는 일이 아니런가?

아미산을 돌아보며

대구 시민 대부분은 아미산이 어디인지를 잘 모른다. 그러나 아미산의 자취는 지금도 여전히 남아 있다.

대구시에서는 아미산의 유래를 보전하기 위해 '아미산거리'라 이름하여 보현사와 SK허브스카이아파트 뒷 동리에 아미산거리 주소 문패를 붙였다.

아미산 봉에 보현사가 있다. 보현사는 1911년 동화사에서 도심에 세운 포교당이다. 일본은 도심에 절을 지었다. 우리네 절은 대다수가 산중에 자리하고 있다. 이조 시대에는 억불 정책을 썼기 때문에 절이 산으로 들어갔다는 설도 있다.

팔공산까지 걸어가려면 대구 시민은 불편하였다. 그리하여 신도 수가 줄어들 것을 염려하여 동화사에서 도심에 포교당을 세운 것이라 한다. 진각종 심인당 개천사 같은 종파에서는 생활 주변에 불당을 짓지만 조계종에서 도심에 포교당을 세운 것은 드문 일이라 하겠다.

아미산이란 이름은 어디에서 유래하였을까? 중국의 안휘성 구화산에는 지장보살, 사천성 아미산에는 보현보살, 절강성 보타산에는 관세음보살이 있었다고 한다. 보현사를 짓고 난 뒤 보현보살의 아미산을 생각하여 아미산이라고 전한다. 하지만 대구읍성에서 남쪽에 산이 있어 남산이라 불렀다. 아미산 서쪽 끝자락에 남산교회가 있고 보면 아미산 이전에 남산이란 이름이 있었다고 하겠다.

남산교회 앞에 '관덕정'이 있다. 1866년 11월 18일 (음력 10월 12일) 병인박해 시 30여 명의 신자와 이윤일 성인이 아미산에 있는 관덕정에 끌려가 사형을 받았다.

이때 성인은 품속에서 스물다섯 냥을 꺼내 희광이에게

주며 단칼에 목을 쳐 줄 것을 당부하였다. 희광이는 신이 난 듯 춤을 추다가 약속대로 단칼에 치명하게 하였다고 한다. 성인이 순교한 자리에 천주교 대구교구에서 '관덕정'을 복원하고 순교기념관을 세웠다.

지금 동부교육청 자리에 명신여학교가 있었다. 1910년 순종 황제의 하사금으로 개교하였으나 경영권이 여러 번 바뀌었으며 1925년경에는 김울산(기생 출신)이 인수하여 1927년에 복명학교라 이름하여 학교를 새로 짓고 1980년까지 있었다. 그 후 경북여자중학교가 있다가 1990년 후반부터 동부교육청이 자리하고 있다.

관덕정 앞 대구적십자병원이 경영난으로 2010년에 문을 닫았다.

보현사 남쪽 언덕 자리엔 무당골(점쟁이)이 유명하였다.100년 전후 이곳에는 아랫것들(하인)이라 하여 천민들이 살았다고 한다.

지금은 천지개벽이 되었다. 반월당을 중심 하여 대구의 교통 요지가 되었다. 반월당이란 유래는 무엇일까. 반월당 일대는 지금부터 80년 전까지만 하여도 수양버들과 아카시아가 우거진 야산으로 사람들의 통행이 드문 한적한 곳이었다.

12간 도로(현 중앙로)가 역전에서 남산동 쪽으로 개설됨에 따라 차츰 상권이 바뀌기 시작하였다. 그러하였던 이곳에 건평 61평 2층 목조 건물을 짓고 반월당이란 이름으로 백화점 영업을 시작하게 되자 차츰 집이 들어서고 사람들이 모여들어 붐비게 되었다. 이 반월당은 현 중구 남산2동 927번지에 있었으며 차병곤 씨가 지은 것으로 차 씨는 현 약전골목에서 상업으로 돈을 많이 모은 분이라고 한다. 이 백화점은 한국인에 의하여 세워진 데다가 주인이 대구토박이이기 때문에 일제 치하에서 더욱 유명해졌는지 모른다.

대구에서 제일 처음 다방이 있었던 곳이 어디일까? 반월당 고개에 있는 고려다방이라 한다. 지금도 간판이 붙어 있으며 신창당안경점 지하에 있다. 이 다방은 차병곤 씨의 조카가 개설하였다. 현재 SK허브스카이아파트 자리는 교남학교(대륜 전신)와 능인학교, 대성학교가 처음 출발하였던 자리다.

더욱 유명한 것은 여기에 천지기업사(차완용)가 있었다. 차씨는 월남하여 이곳에서 돈을 많이 모았다. 한때 이북5도민회장도 하였다.

필자는 보현사 남쪽 삼정아파트에 살고 있다. 멀리 팔공산, 수성뒷산, 앞산, 두류산, 와룡산이 한눈에 들어온다. 아침에 해 뜨는 순간을 바라볼 때 제일 행복하고, 지구의 자전을 눈으로 보는 것 같다.

동부교육청 마당에 세운 김울산 조각 석상

동부교육청은 내가 사는 집 바로 곁에 있다. 아침마다 운동을 하러 교육청 마당에 간다. 동리 주민들이 아침이면 적잖이 모여든다. 그런데 며칠 전 마당에 김울산 여사의 석상기념비가 세워졌다.

현 동부교육청 권충현(교육학 박사) 교육장의 노력이 많았던 것으로 알고 있다. 1950년대 남산동 사람들은 복명학교를 울산 기생이 세운 학교라 하였다. 60여 년이 지난 오늘 김울산기념비가 왜 세워졌을까?

나의 사돈 되는 박은일(75세) 장로가 금호강 건너편 '조야동'에서 살았다. 7세 때 울산 여사 상여가 산으로 올라가는 것을 보았고, 자기 집에서 숙식을 하면서 김울산 송덕비각을 짓고 송덕비를 세우는 것을 보아 익히 울산 여사의 내력을 많이 알고 있었던 터다. 하루는 김울산 산소와 비각을 보러 나섰다.

산소는 조야동리 뒤편 '반디산'으로 500m를 올라가야 했다. 7월 햇빛은 따가웠다. 땀범벅이 되어 숨이 차 힘겨웁게 발걸음을 옮겨 오를 수밖에 없었다. 묘는 폐허가 된 상태였다. 좌판은 있었다. '甲戌年 二月'로 적혀 있어 최근에 세운 것 같다. 1994년이다. '儒人 金海金氏之墓'라 새겨져 있고, 嗣子 崔圭澤(최규택) 孫 明曉(명효) 明竣(명준)으로 되어 있다. 최규택은 울산 여사의 여동생 남편이라 하니 여동생 집안에서 제사를 지낸다는 뜻일 게다. 동리에서 가까운 조야동 299번지엔 방치되어 훼손된 비각 및 송덕비가 잡초 숲에 가리어 있었다. 비석엔 성북면 소작인 일동, 수성면 소작인 일동이라 하여 두 개가 서 있다.

薛馮高義 蜀淸華門(설풍고의 촉청화문)
설풍과 같은 높은 뜻을 가졌고 촉청의 화문과 같네
先施學校 妥及農村(선시학교 타급농촌)
먼저 학교에 베풀고 이어 농촌에도 미쳤도다
不競其利 感服斯恩(불경기리 감복사은)
이익을 나투지 아니하니 그 은혜에 다 감복하도다
也可忘 德之悠存(야가망 덕지유존)
하여금 가히 잊을 수 있으랴

또 다른 송덕비엔

陶周模範 蜀淸精神(도주모범 촉청정신)
도주의 모범이요 촉청과 같은 정신이라
敎中捐義 財上施仁(교중연의 재상시인)
의연금을 내어 학교를 세우고 재물로써 인을 베풀었도다
元無濫賭 曾不呑貧(원무남도 증불탄빈)
원래 낭비하지 않고 일찍이 탐함을 두지 않았도다
立此片石 彰其貞珉(입차편석 창기정민)
이 작은 돌을 세워 이 비석에 나타내도다

위와 같은 추모글이 있어 그나마 울산 여사의 발자취를 더듬어 볼 수 있었다. (매일신문 발췌)

김울산 여사의 생애를 간략하게 상고하면 이렇다.

1858년 울산에서 나고 조선 말기 통정대부 벼슬을 한 김철보의 두 딸 중 장녀로 태어나 16세 때 아버지를 여의고 대구사람과 결혼 후 19세에 사별하였으며, '향이'라는 이름으로 관기가 되었다고 한다. 정미소와 술집을 경영하면서 재물을 모았으며, 흥선대원군과 친해짐으로써 하사받은 땅이 많았다는 설이 있다고 한다. 슬하에는 자녀가 없었으며, 87세로 생을 마쳤다는 것이다. 조야동에 김씨 소유의 산이 많았으나 현재는 토지가 다 남의 손에 넘어간 상태이다.

김울산 여사의 업적을 더듬어 보면, 자신의 재산을 팔아 관덕정 자리에 1910년 명신여학교를 설립하였다고 한다. 그때는 여자라면 학교에 갈 엄두도 못 낼 때였다. 선교사가 세운 학교이거나 일본사람이 자기 자녀들을 교육하기 위한 학교만이 있을 때였다. 명신여학교를 세웠으나 15년 동안을 지나면서 여러 사람의 손에 넘어가는 우여곡절이 많았다는 것이다.

보다 못한 김울산 여사는 1925년 학교를 다시 인수하여 현 동부교육청 자리에 2층 벽돌집을 짓고 학교 이름을 복명復明이라 하여 새로 출발하였다. 이리하여 빈곤으로 교육받지 못하는 불우한 학생 교육과 여성교육에 힘을 쏟아부었다고 한다. 사회를 위해서는 후했으나 자신에게는 인색하였다는 것이다. 종이로 문풍지를 때워 바르거나, 빗자루가 몽당빗자루가 될 때까지 사용하였다는 후문도 있다.

발길을 돌리면서 이런 생각을 하였다. 대구 사람들의 기억 속에서 잊혀져가고 있는 김울산(1858.7.1.~1944.3. 13)의 업적을 기린 송덕비와 비각, 묘를 동부교육청 마당에 이전하여 대구 골목투어에 도움이 되었으면 한다.

관덕정과는 3분 거리인 곳이다. 묘는 평장으로 하면 반대할 사람이 없을 것이다. 인구 감소로 1999년 복명초등학교는 수성구 범물동으로 이전하였고, 그 자리에 동부교육청이 있다.

사람이 남길 수 있는 것은 이름뿐이다. '꽃의 향기는 100년을 가고, 사람의 향기는 1,000년을 간다'는 말이 새삼 떠오른다.

청학동 훈장님의 단소리 쓴소리

며칠 전 TV에서 지리산 청학동 훈장이 세상사에 대하여 출연했다. 시간이 지나도 기억에 남는 한 장면이 떠오른다.

이정석(43세), 그는 청학동 서당의 훈장으로 있으면서 보고 느낀 점을 이야기하였다. 우선 그가 갓 쓰고 두루막 입은 모습으로 이야기한 것을 많은 사람들이 보았을 것이다. 사람에 따라 느낌이 다르겠지만, 그의 옷차림이 조선조에서나 있었을 법한 모습으로 비쳤기에 눈길을 끌었다.

우선 그가 이 세상을 청학동에서 어떻게 내려다 볼 것인가에 대한 대답이다.

대부분의 현대인들은 자신의 참 모습을 잃어버린 채 삶에 뿌리내리지 못하고 살아가고 있다는 것이다. 이를테면 "효의 가치, 삶의 가치, 나아가서 인간의 가치에 대하여 생각해 보는 계기가 되기 바란다."면서 인간이 무너지면 문화 역시 타락할 수밖에 없다는 점을 강조하였다.

문화를 발전시키기 위해서는 인간의 가치를 높이는 일이 선행되어야 한다는 것이다. 하지만 우리 사회는 인간을 알고자 하는 노력이 너무나 부족하다고 강조하였다. 우리네 교육은 기술교육, 돈[金]교육뿐이라는 것, 정작 중요한 인간교육은 찾아볼 수 없다는 것이다.

이처럼 진정한 내심을 외치고 있건만 갓 쓰고 도포 입은 그의 모습을 보고 세상 사람들은 신기하게 생각하거나 웃었을 것이다. 그러니 그렇게 웃는 사람들은 넥타이를 졸라매거나 속살이 훤히 비치는 치마를 입고도 부끄럽게 생각하거나 불편하게 생각하지 않았을지 모른다. 다시 말하면, 훈장인 그는 세상을 보고 웃고 있을 것이고, 세상 사람들은 그를 보고 웃고 있을 것이다.

자신이 누구이며 어디에서 났는지조차 모르고 무심히 살아가는 사람들을 보노라면 안타깝게 생각될 것이다.

우리가 사는 세상을 되돌아보자. 비록 물질문명에 있어서는 서양에 비해 뒤떨어져 있다지만 정신문명에 있어서는 서양에 비해 100년 이상 앞서 있다는 사실을 대부분의 사람들이 모르고 있다면서, 눈에 보이는 물질문명만을 추구할 것이 아니라 눈에 보이지 않는 정신문명도 함께 추구해야 한다고 역설하였다.

TV를 보면서 느낀 또 다른 이야기가 머리를 스쳐갔다. 지난 6월 중순 대구 타워광장 야외무대에서 있었던 일이다.

<대구문학제>가 열린 마당에서 시인 정완영 선생의 「역사의 진운과 민족시의 위상」이란 제하의 강연 요지다.

사람이 한 평생을 살아가는 데 가장 중요한 네 가지 일이 있으니 그것은 다름아닌 '관, 혼, 상, 제'의 절차이다. 그 네 가지 절차 중에서 혼례, 상례, 제례는 지금도 형식상 살아있지만 관례만은 이미 희미한 기억 속에 잊혀져 가고 있다. 관례란 아이가 어른이 되는 예식, 즉 남자는 상투를

틀어 갓을 쓰고 여자는 쪽을 지는 것이다.

혼례는 혼인의 예절, 상례는 죽은 사람을 묻을 때까지의 예절과 제사를 지내는 예법이나 예절을 말하는 것. 말하자면 우리 정신의 가장 깊은 곳을 밝혀주던 심등心燈이요 운사韻事인 것이란다. 이러한 삶 한가운데 예식이 있었지만 차츰차츰 예禮는 사라지고 식式만 존재하는 사회에 살고 있다는 것이다. 예가 강물처럼 흘러넘치는 사회가 그립다.

"시詩와 예절이 없는 사회는 병든 사회이다."라고 안타까워하는 강연요지였다.

지금도 유교 집안에서는 일 년에 한 번 향교에서 성인 향사를 지내는 풍습이 신문지상에서 소개되곤 한다. 며칠 전 일본의 신문에는 성인의 날에 가미사마 궁전에서 자기들 고유의 의상인 기미노 차림의 성인식을 사진과 함께 보았다. 일본은 우리보다 더 진지하게 관례의 풍습을 이어가는 법도가 엿보이기도 하였다.

다시 청학동 훈장의 뒷마무리를 옮겨본다.

사람이 어떻게 하면 삶의 질을 높일 수 있을까 반문하였다. 뜻이 있는 사람이라면 어떻게 올바른 삶을 살아갈 것인가, 한 번밖에 살아갈 수 없는 고귀한 발자취를 어떻게 남길 것인가, 한 번쯤 생각해 볼 일이 아닐까.

첫째, 하루를 기분좋게 보람있게 지낼 수 있을까 생각하였을 때 아침 일찍 목욕을 하라. 그리하면 맑은 마음으로 하루를 살 것이다.

둘째, 일주일을 보람있게 살기 위해서는 어떻게 할 것인가. 새옷을 갈아입고 새 기분으로 살아가라. 입은 속옷이 냄새가 나도록 때자국이 더럽게 묻어 냄새나는 옷을 몇 날이고 입어야 하니 사람 됨됨이는 우선 외형으로 보이는 옷맵시부터 살핀다. 더러운 옷은 보는 이로 하여금 피로케 한다. 또한 잘 맞춰 입음으로써 남에게 좋은 인상을 줄 것이며, 기분좋게 살아갈 수 있기 때문이다.

셋째, 한 달을 알차게 살려면 어떻게 할 것인가. 새집을 지어 살라는 것이다. 달마다 어떻게 새집을 지어 살 수 있을까마는 환경을 적당히 바꿔가면서 제자리 정돈을 깔끔히 하고 집안을 알뜰하게 가꾸어가는 습관을 이어 가라는 것이다. 그리하여 늘 새 집을 지어 살아가는 기분을 이어 가도록 힘쓰라는 뜻일 게다. 정돈이 잘 안 되었을 때, 갑자기 중요한 물건을 찾으려 할 때 허둥지둥 아까운 시간 낭비를 경험하였는가를 생각해 볼 일이다.

넷째, 일년 값진 삶을 어떻게 살면 좋을까. 책을 읽어라. 현대인은 바쁘게 살아간다. 그리고 앞으로 닥쳐올 미래 사회에서는 더 바쁜 삶을 살게 될 것이다. 정의사회가 이루어질수록 더욱 바쁘게 노동하지 않으면 살아남기 어려울 것이기 때문이다. 그러므로 책과 더욱 가까이 하는 시간이 없어지고 있다. 시간이 없는데 무슨 독서란 말인가 할 테지만, 하루의 일과 중 단 몇 분이라도 책과 만나라. 이 달에는 반드시 읽어야 할 책을 선정하고 독서의 계획을 세우자. 일 년이면 몇 권이 될 만큼 독서의 습관이 몸에 배도록 틈을 내야 할 것이다.

책과의 만남은 인생을 바꾸어 놓기까지 한다. 문학, 역사, 철학, 종교 등에 관한 책들이 그렇다. 독서는 개인과 한 권의 책이 조용히 대결하는 행위이다. 독서는 한낱 수단이어야 하고 인간이 기계와 물질의 노예가 되지 않기 위해 인격을 완성하는 것에 궁극적인 목적을 둠으로써, 책과 벗을 삼아 일생 동안 살아가야 할 것이다. 우리들 짧은 인생이 1000년, 2000년을 사는 보람이 될 수 있을 것이고 삶의 질이 높아질 것이다. 책은 친구요, 스승이요, 나침판이다.

이처럼 하루, 일주일, 한달, 일년을 값지게 살아가는 여정을 말하는 훈장의 단소리 쓴소리를 듣고 가슴마다 어떤 느낌으로 새겼을까…… 그의 외모는 한낱 시골 사람으로 비쳐졌으나 속은 저멀리 앞서가고 있음을 느끼게 했다.

<영호남수필 1996년>

한국인과 유대인

몇 년 전 이스라엘 여행 중에 갈릴리 호수 곁에 있는 베드로의 고향을 방문한 바 있다. 생가라고 하는 곳에서 '맷돌 연자방아'를 본 적이 있다.

우리나라에도 해방 전까지 연자방아로 보리를 찧는 것을 본 적이 있다. 연자방아가 우리나라에 있었던 것과 똑같았기에 오래도록 기억에 남아 있다. 그 연자 맷돌이 동부아시아에서 서아시아로 흘러갔을까 아니면 서아시아에서 우리나라로 기술이 이전되었을까 하는 의문이 지금도 남아 있다.

우리나라에 왔던 어떤 유대인 이스라엘 대사가 우리나라에 있는 동안 한국인의 풍습이 어쩌면 자기 나라와 닮은 점이 많이 있었다는 후일담을 들어본 적이 있다.

이스라엘은 고대 왕국 시절 12개 부족으로 구성되어 있었는데 나중에 이민족의 침략을 받아 유럽, 아시아, 아프리카 등 사방으로 흩어지게 되었다.

12지파는 루우벤, 시므온, 유다, 잇사갈, 스볼론, 납달리, 에브라임, 벤야민, 아셀, 갓지파 외에 '단' 지파가 있었다. 지금까지 부족은 족적이 있는데 단Dan지파는 어디로 갔는지 행방이 묘연하다는 것이다. 그 사라진 부족의 성(姓)이 '단'이었으니 고조선의 시조 단군이 부족의 대표가 아니겠는가 하는 것이다.

금년은 단기 4346년이다. 한국의 시조 단군왕검의 즉위년을 기원으로 한 연호가 중국 요의 즉위 50년(BC 2333)에 해당한다. 단기는 이조말 대종교大宗教에서 사용하였다. 그 후 대한정부 수립과 동시 법령으로 모든 공문서에 단기로 쓰고 있다가 5.16 군사 정부에서(1962.1.1) 폐기하고 서기를 사용하고 있다. 중국, 북한도 서기로 쓰고 있다(이홍직 국사사전에 의거).

한국과 이스라엘은 고대에서 한민족이 아니겠는가? 어디까지나 추측이겠지만……. 무궁화의 원산지가 수리아Syria(옛날의 유대국)라는 것이다. 무궁화를 이스라엘은 샤론의 꽃이라 한다. 샤론은 평화란 의미이다. 무궁화가 어떻게 우리나라에 전래되었을까. 일본에도 건너가 있다고 한다(1993.7.30.조선일보).

이와 같은 유래와 함께 한국과 유대인의 유사성을 이스라엘 히브리대학 벤야민 슘로니 교수는 그의 논문에서 백수십 가지를 열거한 바 있다.

이를테면 아버지를 집안에서 부를 때는 아바(아빠)라고 하고 남에게 말 할 때는 아비라 하며 흰옷을 즐겨 입고 흰 세마포를 입으며 장사 지낼 때 벼 옷을 입는다.

모자 쓰기를 좋아하고 이름(호, 자)을 중요시하며 가문과 족보를 매우 소중하게 생각한다. 부모를 공경하고 장자(長子)를 중요하게 여기고 여성의 지위를 제한하며 음력을 사용하고 절기를 중요하게 여긴다. 그 중에도 최고의 명절을 초막절(음력 8.15)인데 이것을 우리의 추석과 꼭 같다고 한다.

제상의 종류와 제사 모시는 과정 즉 기록된 말씀[祭文]을 읽는다든가 하는 모습이 매우 유사하며 인사말은 샬롬(평안, 안녕)으로 한국의 안녕하십니까에 해당되는 것이다. 글자를 우측에서 좌측으로 쓰며 (1세기 전) 지능이 높고 성격이 급하며 고집이 세고 유대민족이 북이스라엘과 남유대로 분단되었듯이 한국도 남북으로 분단된 것까지 유사한 것이다. 그리고 유대인은 하나님으로부터 받은 10계명을 지켜왔는데 한국인이 지켜 오던 팔조금법八條禁法과도 유사하다.

고조선의 법률은 팔조금법으로 나라를 다스렸다. 그 가운데 3개 법만이 전하여지고 있으며 나머지는 전하여지지 않고 있다. 1.살인자는 사형에 처하고 2.남을 상하게 한 자는 곡물로써 보상한다. 3.남의 물건을 도둑질하면 그 주인의 노예가 되는 것이 원칙이나 속죄하고 나면 50만 전五拾萬錢을 내놓아야 한다는 것 등이다.

고대 유대인들은 오랜 세월 동안 왕을 세우지 않고 제

사장祭司長들이 통치하는 신정神政을 유지하였는데 고대 한국인도 오랫동안 단군 즉 천군天君이라는 제사장의 인도하에 신정을 유지해 왔고 도읍의 이름도 신시 즉 하나님의 마을이라고 불렀으며 나라를 세운 목적도 홍익인간弘益人間 즉 모든 인류에 봉사하는 박애사상agape의 정신을 구현하기 위함이었다 할 수 있다.

고대 유대인도 신이 정한 성역인 에덴동산 중앙에 서 있던 나무 아래에서 신에게 경배하였는데, 그 나무가 우리 신단수神壇樹와 매우 유사한 것이라 하겠다.

앞에서 말한 두 나라의 고대 풍습이 현재는 많이 변하였다고 볼 수 있다.

정확한 논법이 없기 때문에 확답이라고 볼 수 없지만 여러 가지 정황으로 미루어 유사한 점이 많이 있다는 것은 숨길 수만은 없다 하겠다.

인간의 수명 변화

1970년도라 기억된다. 대구제일교회에서 집회가 있었다. 강사는 한경직 목사님이었다. 창세기 강해에서 인간은 최근에 나왔다고 하셨다. 최근이라니, 성경에는 6일 동안 천지의 만물을 만드시고 마지막 여섯 번째 날은 인간을 만드시고 "보시기에 참 좋았더라"고 되어 있다.

우리가 살고 있는 지구의 역사는 지질학적으로 약 45억 년이라고 한다. 인류의 역사는 우리가 살고 있는 현재의 지구상에서 대략 이만 년 내외라고 인류학자는 말한다. 우리가 믿고 있는 성경은 정확 무오하고 틀림없는 사실이라 믿고 있다. 우리는 현대 과학 시대에 살고 있다. 과학적으로 설명하면 천지 창조는 풀 수 없는 수수께끼로 가득 차 있다. 따라서 성경이 틀렸다, 아니다가 서로 충돌할 수밖에 없다. 따라서 성경 말씀 어느 부분을 믿어야 할까 고민할 수 있다.

엿새 동안 천지를 창조하였다고 하면 그 첫째 하루가 오늘 우리가 살고 있는 하루가 24시간, 육 일을 144시간으로 계산하였을 때 과연 이 시간이 천지 창조 당시의 시간과 근사할 수 있을까? 여러 가지 의문을 가지게 된다.

성경 말씀에 "하루가 천 년 같고 천 년이 하루 같다."라는 구절이 있다. 하나님 나라에서는 찰나와 영원을 따로 논할 수 없다 하겠다. 따라서 천지 만물이 생성되기까지는 오랜 세월 동안 계속되었다고 볼 수 있다.

"하나님이 이르시되 물 가운데에 궁창이 있어 물과 물로 나뉘시고 (창 1:6) 궁창을 만드사 궁창 아래의 물과 궁창 위의 물로 나뉘게 하시니 그대로 되니라(창 1:7). 하나님이 궁창을 하늘이라 부르시니라 저녁이 되고 아침이 되니 이는 둘째 날이니라(창 1:8). 하나님이 이르시되 천하의 물이 한 곳으로 모이고 뭍이 드러나라 하시니 그대로 되니라(창 1:9). 하나님이 뭍을 땅이라 부르시고 모인 물을 바다라 부르시니 하나님이 보시기에 좋았더라 이어 풀과 채소와 나무와 새와 큰 바다 짐승들과 날개 있는 모든 새를 그 종류대로 창조하시니 보시기에 좋았더라." 이와 같이 식물과 동물을 사람보다 먼저 만드셨다는 것을 볼 수 있다. 이렇게 하여 다섯째 날까지 만물을 만드시고 여섯째 날에 인간을 만드셨다는 것을 볼 수 있다. 맨 나중이 우리가 살고 있는 이 시점과 제일 가까운 시간이라 할 수 있다.

한경직 목사의 창세기 강해에서 창조 당시 하루가 우리가 현재 생각하는 하루와는 다르다는 것을 말씀하신 것 같다. 인간의 창조설에 대하여 진화론자는 아메바에서 인간이 진화하였을 것이라 주장한다. 그러나 신학자들은 처음부터 인간은 흙으로 만들어졌고 그 코에 생기를 불어넣어 만들어졌다고 믿는다. 그러나 이 두 학설 어느 것이 딱 부러지게 증명되지 못하고 있다.

창세기에 인간의 수명에 대한 기록이 있다. 우리가 알 수 없는 인간 수명이 그렇게 오래 살았을까? 하는 의문이 많이 있다.

최근에 어떤 공상과학 영화에서 지구의 형성 과정에서 처음에는 지구 바깥에 물층이 형성되어 있다가 어느 때인가 이 물층이 거두어져 버렸다는 것이다. 아담으로부터 인류가 번성하여 살아오는 동안 인간이 만물 가운데 제일 으뜸가는 하나님의 작품이었는데도 하나님을 멀리하고 죄악 가운데 헤매게 되자 홍수로써 심판하였다. 이것이 노아의 홍수다. 노아의 여덟 식구는 방주 안에 있는 동안 40주야 물층이 땅으로 쏟아지면서 지구가 물로 심판을 받은 것을 기록으로 볼 수 있다. 지구의 둘레에 물층으로 둘러싸여 있을 때는 인간의 수명이 상당히 길었던 것이다. 즉 자외선을 덜 받았기 때문이다. 현재 우리 인간의 삶 가운데 자외선을 많이 받는 현대인들은 노쇠 현상이 상당히 높아진다는 것을 말해 주고 있다. 노아 이전에는 자외선을 덜 받고 살았기에 오래 살았다는 역설이 나오는 것이다. 아담이 그 아들 셈을 130살에 낳았고 800살을 더 살았으니 무려 930살을 살았다. 므두셀라는 라멕을 189세에 낳았고 780세를 더 살았으니 무려 969세까지 살았다는 기록이 있다.

나무도 살아서 천 년 죽어서 천 년이란 말이 있다. 지리산 등산을 하다 보면 정상에 가까이 오르면 죽은 소나무가 50년 전에 보았던 자태 그대로 서 있는 것을 볼 수 있다. 이것은 무엇을 말하느냐. 나무의 수명이 오랜 나무는 천 년까지 살 수 있고 그 나무가 흙이 되기까지는 오랜 기간을 버틸 수 있다는 말이다. 인간도 노아 홍수 이전까지는 물(즉 두꺼운 구름)이 가려져 있을 때는 인간의 수명이 오래 지속되었고 구름이 엷아지자 인간의 수명이 노쇠 현상으로 급격히 짧아지게 되었다는 것을 미루어 알 수 있다.

노아 홍수 이후의 인간 수명이 100세 이하로 짧아졌다는 것을 볼 때 흥미롭다.

필자는 창세기를 읽으면서 노아 홍수 이전과 이후의 인간 수명을 기록으로 남긴 구절을 적어 보았다. 우리는 지금 100세에 가까운 수명으로 살고 있다. 다윗과 솔로몬 시대에 인간의 수명이 짧아 한탄하는 글귀가 있다. 인생은 70이요 강건하면 80이라고 노래한 구절이 있다. 아래 기록은 정확하다고 볼 수 없다. 그 옛날에는 어떻게 그렇게 오래 살았을까 하는 의문을 풀어본 것이다.

아버지	아들	출산 나이	출산 기간	사망 나이	비고
아담	셋	130	800	930	
셋	에노스	105	807	912	
에노스	게난	90	815	905	
게난	마할랄렐	70 8	40	910	
마할랄렐	야렛	65	830	895	
야렛	에녹	162	800	962	
에녹	므두셀라	65	300	365	승천
므두셀라	라멕	187	780	969	
라멕	노아	102	595	777	
노아	셈	500이후	350(홍수 후)	960	600홍수
셈	아르박삿	100	500	600	
아르박삿	셀라	35	403	438	홍수후태어남
셀라	에벨	30	403	433	
에벨	벨렉	34	430	464	
벨렉	르우	30	209	239	
르우	스룩	32	207	239	
스룩	나홀	30	200	230	
나홀	데라	29	119	148	
데라	아브람	70	135	205	
아브람	이삭	100		175	이스마엘(86)
이삭	야곱	60		180	
야곱	유다			130	
유다	베레스			110(요셉)	
다윗	솔로몬			70	

친구 李永凞를 추모하며

친구를 멀리 떠나보낸 지 얼마 만인가. 부지런하고 자상하며 어떤 일에든지 하고자 하는 일은 끝을 보고 마는 친구가 아니었던가.

고등학교, 대학의 동기동창으로서 글을 좋아하였기에 가깝게 지내었거늘, 이생에서 좀 더 같이 살았으면 좋았을 것인데 훌쩍 떠나보내고 벌써 이렇게 빠른 세월이 흘러갔는가 보다.

친구는 항상 이렇게 말하였지. "인생이 오래 사는 길은 글을 남기는 것뿐이라네." 사업을 하면서 바쁜 와중에도 펜을 놓지 않고 학자다운 삶을 살아 왔었지.

우리는 경북대 법정대 제6회(1958) 동창으로 졸업 당시에는 옳은 앨범 한 권 남기지 못하고 졸업하였지, 이에 안타깝게 여기고 졸업하고 25년이 지난 1983년 동기생의 이력을 모아 동문보同門譜를 발간하는 데 심혈을 기울였던 친구가 아니었던가.

동문보는 370여 페이지를 꾸몄는데, 동창회와 모교에 관한 사항을 과거와 현재에 걸쳐 사진을 곁들여 자세하게 밝혔을 뿐 아니라 2백여 명에 이르는 동문들의 관향과 취미, 학력, 경력 및 좌우명까지 실었으며 '一友一言' 란을 두어 스승과 친구에 대한 옛 성현의 말들을 수록했었다. 뿐만 아니라 당시 교수진과 현재의 교수진, 법정대학의 약사, 각종 기념사진을 싣고 있어 지금 보아도 과연 누구가 이렇게 만들 수 있을까를 생각해 본다.

친구는 필자가 간청하여 1997에는 ≪수필과비평≫사를 통해 문단에 등단하였다.

친구는 사업을 하고 글을 쓰는 세월을 줄곧 달려온 곡

절이 있었기에 때로는 중환에 걸려 결사 투병하는 등 우여곡절을 맞았는가 보다. 하지만 이런 액운을 극복, 글을 쓰면서 생을 이어왔던 것이다.

75성상을 살아오면서 마지막 몇 년간은 걸작을 남기고 여러 문단에 가입, 동호회 활동도 하였던 것이다.

대구수필, 수필과비평, 한국문인협회, 대구문인협회 등에 가입, 많은 수작을 남기었다.

나는 틈틈이 친구의 책들을 펼쳐본다. 그의 글을 읽을 때마다 이 친구 좀 더 살았으면 좋았을 것인데 아까운 친구 먼저 떠나고 말았구나 하고 그리울 때가 한두 번이 아니다. 그가 남긴 저서로 그의 가친 이병철 님의 유고 한시문집, 그가 쓴 한시집으로 『향촌정경鄕村情景』은 한시로 운을 맞추어 짓는 시로써 짓기가 어려운데 수백 편의 시를 지은 것이 놀라운 일이라 아니할 수 없다. 수필집 『세월 따라 사람 따라』, 『내 고향 금촌』, 『작은 삶 작은 흔적』, 『생각 속에 글 속에』 등 수없이 남겼다.

나는 친구의 글을 읽을 때마다 마음이 평안함을 느끼곤 한다. 친구는 나와는 갑장이다. 한 가지 틀림없는 일은 사람은 어느 때면 죽는 것이다. 죽기 전에 좋은 글을 남기는 것이 글 쓰는 사람의 책무이리라.

이영희 친구!

하늘나라에서 안식하기를 바라며 대구수필 문우를 대신 추모의 글을 남기는 바이다.

제 2 부

소가 우리 가족을 살려준 사연

무주茂朱를 다녀와서

2010년 봄 벚꽃이 만개한 4월 어느 날 무주계곡을 여행할 수 있는 기회가 있었다. 무주군은 1914년 행정개편이 이루어질 때 무풍현과 주계현을 합하여 무주군이 되었다.

무주는 먼저 덕유산(해발 1,614m)이 떠오른다. 덕유산은 경남 거창군과 전북 무주군 사이에 가로질러 있다.

우리 일행은 케이블카로 향적봉에 올랐다. 멀리 이름 있는 산들이 한눈에 들어온다. 우리나라 12명산 중 하나인 덕유산은 향적봉을 주산으로 하여 이곳에서 발원한 옥수가 흘러내려 구천동 33경을 만든다. 봄철이면 칠십 리 계곡에 진달래와 철쭉꽃을 피우고, 여름이면 짙푸른 녹음으로 피서객을 손짓하며, 가을이면 붉게 타는 단풍으로 만산을 물들이고, 겨울이 되면 하얀 눈이 뒤덮인 설경 속에 설화를 피워 신비경을 이루리라.

멀리 민주지산이 보인다. 전라북도 최북단에 위치하여 충청, 전라, 경상도를 가르는 삼도봉을 거느린 명산으로 삼도가 만나 매년 화합행사가 열린다고 한다.

대덕산이 보인다. 부드럽게 생겼음에도 우직한 남성다운 덕기가 어린 이 산은 예부터 수많은 인재들을 배출하였고, 이 산이 있는 무풍면은 남사고의 십승지기 중 하나로 알려진 고장이기도 하다.

하산하여 문화유적지 적상사 사고寺庫를 찾았다. 전라북도 기념물 제88호인 이곳은 조선왕조실록과 왕실의 족보를 보관하던 5대 사고 중 하나였다.

1614년 실록각이 만들어지고 1634년에는 묘향산에 있던 조선왕조실록을 이안하였으며, 1614년 선원각이 만들어져 안전한 사고가 되어 국보를 보존하였으나 1910년 일제시대에 서울 규장각으로 실록들이 옮겨지면서 사고가 황폐화되었다. 1997년 선원각 복원을 시작으로 1998년 실록각 등이 복원되었으며, 300년 가까이 국보를 지킨 자랑스러운 무주의 문화유산이다.

무주양수발전소를 둘러보았다.

전력홍보관, 지하발전소, 적상호(상부댐), 무주호(하부댐) 등의 시설이 있으며, 홍보관에는 양수발전의 원리, 전기의 원리 등 다양한 볼거리가 전시되어 있었다. 밤이면 하부댐의 물을 상부댐으로 퍼 올리고 낮에는 하부댐으로 물을 내려보내 전기를 일으켜 무주 일원에 전기를 공급하는 공해 없는 수력발전소이다.

돌아오는 길에 무주군 실천면에서 무풍면으로 가는 길목에 통일문, 즉 라제통문羅齊通門을 볼 수 있었다. 옛날 신라와 백제의 최전방이다. 그 때의 국경이 지금도 자취가 남아 있다는 것에서 '그 의의가 크다' 하겠다.

라제통문은 무주 33경 중 제1경이다.

라제통문의 유래를 설명한 입간판이 서 있었다. 무주군 설천면 두길리 신두新斗마을과 소철리 이남伊南마을 사이를 가로질러 있는, 암벽을 뚫은 통문을 말한다. 그 옛날에는 작은 구멍으로 겨우 사람이 오고 갈 수 있는 길이었는데, 일제시대 신작로를 내기 위해 터널처럼 굴을 넓혀 자동차가 다닐 수 있는 길이 되었다고 하였다. 좀 더 자세히 말하면 무주읍에서 동쪽 194km에 있는 설천면에 계곡물을 경계로 하여 신라와 백제가 국경 병참기지로 삼아 한반도 남부의 동서문화가 교류된 관문이기도 하다.

이렇듯 삼국시대부터 고려, 이조에 이르기까지 풍습과 문물이 판이한 지역이었던 만큼 지금도 언어와 풍습이 다른 특색을 간직하고 있다는 것이다.

설천장날에 가보면 사투리만으로 설천과 무풍사람을 가려낼 수 있다는 것이다. 이와 같은 상식은 무풍면장과 설천면장에게 전화로 물어서 알았다.

무풍면 사람들의 말은 빠르다. 그러나 설천면 사람들의 말은 느리다.

결혼식 때 무풍 쪽에는 으레 국수가 나온다. 아마 처녀 총각을 보면서 언제 국수 내냐고 농을 거는 것은 여기서 나온 풍습이 아닌가 하고 생각한다.

무성할 무茂 자와 단풍나무 풍楓 자를 음미하면 단풍이 무성하여 무풍현이었을 것이고 붉을 주(朱) 자와 시내 계溪 자로 미루어보아 붉은 단풍이 냇가의 70리 계곡에 온통 붉은색으로 물들었기 때문에 주계현이 되었을 것이라 추측하여 본다.

한때 절이 많아 승려가 구천 명이 되었다 한다.

지금은 이곳이 무주군의 자연보고가 가득한 관광의 명소가 되었음을 본다.

큰바위얼굴 조각공원 탐방기

우리들은 위인들을 우리와는 다른 세계에서 살았던, 또는 사는 사람들로 착각하기 쉽다. 하지만 배경이 서로 다를 뿐 그들도 우리와 똑같은 피와 살을 가지고 살았던 분들이다. 다만 다른 것이 있다면, 무에서 유를 만들 수밖에 없는 힘든 상황을 극복한 사람들이다.

세계 180여 국에서 중요한 대 종교가, 정치지도자, 발명가, 발견자, 작가, 철학자, 과학자, 탐험가, 예술가, 혁신가, 스포츠인, 노벨상수상자를 총망라해서 조각선정 작업을 한 곳을 찾아볼 수 있었다.

인류의 운명을 좌우하고 문명의 흥망성쇠에 영향을 끼쳐 역사의 방향을 바꾼 인물들을 엄선하여 세계 최초로 방대하고 웅장한 조각공원을 세웠으니 그곳이 어디일까? 바로 그곳이 충북 음성군 생극면 관정리다.

지금부터 16년 전 큰바위 조각공원을 구상하며 국내는 물론 18여 개 나라를 샅샅이 뒤지기 시작한 사람이 있었다. 그가 바로 정근희 씨다.

사업만을 했던 사람이었는데 자기 형님의 유업인 기도원 식구들을 외면하지 못해 시작했던 일이 지금의 음성 현대정신병원 전신이란 것이다. 그의 형은 목사로서 거리의 부랑자, 행려병자를 데리고 와 기도로 섬기고 돌보셨던 것이다. 이 분들을 위해 약물치료와 함께 정서안정을 위한 환경을 조성해주고자 하였던 것이다. 그 일환으로 병원공원을 만들었고, 이것저것 볼거리를 수집하여 전시공간을 조성해 나가던 것이 엄청난 일의 시작이었단다. 그는 미련할 정도로 단순하고 크기만 한 만리장성보다 미국의 큰바위 얼굴조각 몇 개보다 더 큰 꿈과 희망을 줄 수 있는 세계적인 관광명소를 만들 수 있다는 야심이 자라기 시작했다는 것이다.

인생은 돈을 위해서가 아니라 이 땅을 위해 한 사내의 삶의 흔적을 깊게 새기고 싶었던 심정이 자기를 억눌렀다는 것이다. 거친 역사의 수레바퀴가 지나가도 여전히 건재한 것은 돌뿐이라는 사실을 깨달은 그였다.

돌조각들은 현실적으로 조각 과정과 운송 및 엄청난 제작비용 등의 문제가 따르기 마련이었다. 40톤 되는 거대한 돌을 구하는 것과 돌을 조각하는 것 자체가 세계 어느 곳에도 전문화되지 않는 분야에서 어떻게 할 수 있었을까?

해답은 이렇다. 국내에서는 돌을 구하기도 어렵고 엄청난 인건비가 수반되기 때문에 엄두도 못 내는 작업이기에, 눈을 해외로 돌렸다. 인도네시아에 조각 전문학교를 아예 현지에 세우고 그곳에서 조각가들을 양성하고 거대한 돌을 채석하여 양성된 조각가 600여 명이 직접 조각하여 배로 운반해왔다는 것이다. 가까운 친구들은 미친 일이라고 극구 말렸단다. 진정 친구를 위한 충고였으리라.

그러나 드디어 몇 년 전부터 땀 흘린 대가로 생생하게

살아 있는 듯한 조각들이 열매가 되어 속속 이 땅으로 실려 왔다는 것이다. 다행히 사회기관으로부터 자기의 마음을 알아주는 단체에서 30여만 평 대지 구입을 할 수 있게 도움을 받았다는 것이다. 아직도 20여만 평을 더 확보, 제대로 된 공원의 웅장한 자태를 드러낼 날이 머지않아 올 것이란다.

큰바위얼굴 조각 하나하나는 돌을 붙여서 만든 것이 아니라 큰 돌덩어리 돌 하나를 깎아서 만든 작품들이다. 때문에 제작 과정 중에 작은 파손 등의 문제만 생겨도 무용지물이 되기 십상이다. 큰바위얼굴 공원의 살아있는 듯한 조각 하나하나를 위해 우리나라 관광 미래를 위해 후세 교육의 장이라 할 만하다. 남녀노소 누구라도 가보고 싶은 곳, 웅장하고 섬세한 조각들을 바라보는 관광객들의 눈빛에는 감탄과 경이로움이 어느새 설렘으로 흔들리고 있는 듯하였다.

사계절 언제라도 즐길 수 있는 테마공원인 음성 큰바위얼굴 조각공원에는 다양한 관광객들이 찾아온다는 것이다. 봄빛 같은 올망졸망한 눈망울을 쉴새없이 굴리는 유치원 아이들에서부터 초, 중고생, 단체관광은 물론이거니와 다정하게 손을 잡은 연인들의 눈빛이 그지없이 다정하게 보였다.

단체로 찾아온 할아버지 할머니들은 마을 뒷동산만 한 조각 앞에서 입을 다물지 못하다가 고풍스럽기도 하고 귀엽기도 한 우리 민속 조각 앞에서는 어느새 고향으로, 어린 시절로 돌아가 흐뭇한 미소를 짓고 있었다. 이제는 세계 각국의 외국인 관광객도 자주 찾아온다고 하였다. 편리한 시설뿐만 아니라 10개국의 통역이 가능한 가이드들이 언제라도 대기하고 있다고 하였다.

큰바위얼굴 조각 3,000여 개 제작이 끝나면 다시 1,500개 착수에 들어간다는 것이다. 아마 이 조각공원이 머지않아 우리나라 지리교과서에 등재될 날이 왔으면 하는 바람이 앞서기만 하였다.

<PEN문학 가을호>

러시아를 다녀와서

러시아 하면 남북 분단의 주역이라는 것이 뇌리에 가장 먼저 떠오른다. 세계에서 사회주의를 최초로 시작한 나라에 꼭 한번 가보고 싶었다. 풍문이 무성한 세상을 벗어나 김포공항에서 모스크바행 비행기에 몸을 실었다.

지난 1월 15일 오후 2시 그렇게 기대했던 러시아 탐방길에 오른 것이다. 모든 여로의 미덕은 현장 답사에 있다고 어느 작가는 말하였다. 7시간의 비행 끝에 모스크바공항에 내려 광주가 고향이라는 안내원 '로자안뻬'(최씨)를 만났다.

그는 고려족(러시아에는 한국, 조선이라는 말을 쓰지 않음) 2세로 그의 부모는 일제시대 때 너무 살기가 고달파 블라디보스톡(연해주)으로 이주, 그곳에서 고려족과 같이 살게 되었다고 한다. 1937년 당시 스탈린이 고려족이 일본인과 외모가 같다고 하여 중앙아시아 타슈켄트로 무려 35만이나 되는 사람들을 낯선 땅으로 옮겼다고 한다. 그 과정에서 많은 사람들이 추위와 굶주림을 이기지 못해 죽어갔다 한다. 그의 부모들이 강제 이주하여 보니 강에 물고기가 가득하였다고 한다.

원주민은 물고기를 먹지 않는 풍습이 있었기 때문에 고려족은 이것으로 배고픔을 면하였다는 에피소드도 곁들였다. 지금은 1천여 소수 민족 가운데 고려족이 제일 잘사는 민족이고, 현재 모스크바에만 5천여 명이 살고 있으며 교육 수준도 높다고 했다.

책을 통하여 간접으로 알고 있던 러시아 역사, 정치, 경제, 문화, 종교 등 많이 있다. 여기에 눈으로 직접 보고 현지에 다가섬으로써 산지식을 얻는데 여행의 목적이 있겠다.

러시아는 1000년 전 그리스정교회를 받아 들였다. 모스크바, 레닌그라드(성페테르부르크)에 갔을 때 정교회 건물이 눈에 많이 들어왔다. 그 동안 침체되었던 교회 활동이 재개되고 있음을 알았다. 가는 곳마다 대대적으로 수리하기에 바빴다.

러시아를 상징하는 바실리성당과 40년을 걸쳐 지었다는 이삭성당은 말 그대로 웅장하였다. 레닌이 혁명을 전개하면서 이 성당 안에 회의장으로 하였다는 설명은 잊을 수 없다. 러시아 정교회 본산지가 있는 자고로스키 정교회 본관에 들렀을 땐 눈 내리고 추운 겨울이었음에도 미사에 참석하는 순례자의 무리는 지금도 눈에 선하다.

현재 이 지구상에 있는 기독교(나사렛 예수를 구세주로 고백하는 신앙 공동체 그리스도교)를 크게 셋으로 구분하면 정교회, 로마가톨릭교회, 개신교회로 나눌 수 있다. 정교회는 동방정교회, 희랍정교회라고도 불리는데 같은 말이다.

동방정교회라고 불리우는 것은 로마를 중심으로 유럽의 동쪽(그리스, 불가리아, 폴란드, 러시아, 체코 등)에 주로 분포해 있기 때문에 그렇게 불리운다. 희랍정교회라고 불리우는 이유는 그 신학사상과 교리가 희랍어로 되어 있으며 신플라톤주의, 신비주의, 수도원주의가 강하기 때문이다. 정교회란 자기들이야말로 진정한 교회라는 자부심에서 그렇게 부른다. 正教會란 정통교회(Orthodox Church)의 줄임말이다.

원래 기독교는 하나였다. 사도행전에 나타나 있는 대로 예수님의 부활 승천 이후 8일만에 마가 다락방에 모인 120명의 사람들 가운데 성령이 역사하심으로 기독교 공동체, 즉 예수그리스도를 구주로 고백하는 교회공동체가 시작되었다. 이 교회는 예루살렘에서 안디옥으로 안디옥에서 소아시아와 로마, 스페인, 북아프리카 등지로 퍼져나갔다. 그리하여 주후 300년경에는 기독교 공동체가 다섯 개의 교구로 조직화되었다. 주로 대도시를 중심으로 하여 로마대교구 콘스탄티노풀대교구, 알렉산드라 대교구, 안디옥대교구, 그리고 예루살렘대교구, 이렇게 다섯 개의 대교구로 구성되어 있었다. 이 다섯 개의 대교구는 사이좋게 협력하고 잘 지내오다가 1054년 거대한 힘과 능력을 소유

한 로마대교구의 교만으로 동서방교회가 두 동강으로 나누어졌다. 즉 로마를 중심으로 한 로마카톨릭교회(서방교회)와 나머지 4개의 교구를 중심한 동방정교회로 나누어지고 말았다. 이후 로마가톨릭은 서유럽의 정치, 경제, 군사적, 문화적 발전에 힘입어 계속 발전되고 지리적으로 확장되어 라틴아메리카, 미국, 필리핀 등지로 확산되었으나 동방정교회는 동쪽 유림이 아라비아의 모스렘의 침공을 받아서 거의 쑥대밭이 되었고, 두 번째는 몽고족들의 침공으로 식민지배를 받게 되었고, 최초 20세기 초에는 공산주의 정부가 동유럽을 70여 년 동안 지배하는 바람에 발전하지 못하였다.

이에 미국 청교도 선교사들에 의하여 복음화되었고 반공을 국시로 하는 한국의 개신교회 신자들에게는 동방정교회가 낯설기만 하다. 동방정교회는 우리의 형제인 것만은 틀림없다. 의식은 가톨릭과 같고 말씀은 개신교와 같은 정교회를 이해하여야 겠다. 지금 러시아는 흔들리고 있었다. 정신적으로 방황하고 있는 듯하였다.

한국은 이들의 영혼 구원을 위하여 기도하고 선교하여야 할 의무감이 조여옴을 느끼었다. <영호남문학 1997년>

소록도를 찾아서

2001년 5월 1일 대봉교회 제 1.2남선교회 회원들이 소록도를 찾은 것은 그 곳에 있는 환우들을 조금이나마 위로하고 정성된 선물을 전달하려고 간 것이다.

소록도는 전남 고흥군 도양읍 소록도에 있으며, 국립 소록도 요양원으로서 육지와의 거리는 600m, 배로 10분 거리다. 소록도에는 종교 시설이 여러 개 있다. 기독교(중앙, 동성, 서성, 남성, 북성, 신성, 소생)교회와 천주교회, 소록도절이 있다.

'국립 소록도 요양원'의 역사적 배경은 이렇다.

1882년 5월 22일 한미조약이 체결되고, 한국에도 선교의 문이 열리게 되어, 1884년 10월 20일 중국 세계 선교활동을 하던 '알렌' 의사 부부가 개신교 최초 의료 선교사로 들어왔다. 왕실병원 '제중원'(1886)을 세우고 1885년 4월 5일 언더우드 선교사와 1886년 6월에 아펜젤러 의료 선교 부부가 한국에 와서, 의료선교 활동을 하게 되었다. 이때 한국에서는 한센병이 만연되어 사회문제가 되고 있었는데 하나님께서 불쌍한 영혼들을 사랑하셔서 1909년 4월에 미국 남장로교회 선교사 포사이드와 윌슨 의사가 광주지역에서 한센병 환자를 치료하기 시작하였고, 1909년 여름에 10여 명은 전남 광주 근처 봉선리에 수용하게 되었다 한다.

1910년 3월 30일에 부산 감만동에서 선교사 어빈과 맥신저 목사가 특수병원을 개설하니 이것이 부산 상애원의 시작이고, 1913년 3월 1일 미국 북장로교 선교사 프랫처 의사가 병원을 개설하여 치료하기 시작한 것이 대구 애락원의 시작이다. 이들 지역에서 복음과 함께 육신의 치료가 시작되고, 선교사들의 헌신적인 사랑의 모습이 선교의 효력을 극대화 시켰음을 미루어 알 수 있다.

1910년 8월 22일 한일 합방 이후 일본의 탄압과 한국인의 원성이 고조될 무렵 여수. 대구, 부산 등지에서 선교사의 구라사업이 국민적 반응이 좋았으니 환자들 모두의 처우 문제가 심각한 사회문제로 되었을 때 일본 총독부에서 착안한 것이 한센씨 병원 개설이었다. 후보지를 물색하던 중 기후가 온화하고 수량이 풍부하며 육지와 가깝고, 서달지역 남쪽에 구릉이 있어 환자지대와 직원지대로 나누기 용이하여 격리수용에 적합한 소록도를 선택하고, 1905년 2월에 섬주민을 설득하여 소록도 서북쪽에 199,700평을 매입하여 1916년 5월 17일에 전남 도립 자혜원으로 개원, 일본인 아리가와씨가 제1대 소록도 병원장으로 부임하였다는 기록이 있다. 한때 수용환자가 수천 명일 때도 있었다고 하며, 현재는 830명 정도라고 하였다. 소록도 중앙공원에는 환자들을 치료하고 여생을 예수님의 사랑을 몸소 실천한 국내외 여러 사람의 기념비와 특히 6. 25점령 때는 공산군에 순교당한 김정복 목사님의 기념비는 소록도를 성지로 바꾸어 놓아 다시 돋보이기도 하였다. 단종수술(정관 수술)대에서 몸부림치면서 남긴 김정균金正均의 시 한 수를 소개한다.

"아무 죄 없어도 불문곡절하고 왜 말까지 못하게 하느냐 억울한 호소를 들을 자가 없으니 무릎을 꿇고 주께 호소하기를 주의 말씀 따라 내가 참아야 될 줄 아옵니다. 내가 불신자였다면 이 생명 가치 없을 바에는 분노를 기어코 폭발시킬 것이오나 주로 인해 참아야 될 줄 아옵니다. 주의 위로하시는 은혜로 살아온 것을 주께 감사하나이다."

(2000. 4. 15)

천사의 길, 고난의 길

"한센가족을 사랑하였던 MISS GRACE. V. BENNETT (1920. 7. 2.~2006. 8. 5.) 선교사(한국명 배은혜) 하나님의 부르심을 받고 여기 잠들다."

우리 구라선교회(한센환자 구호 및 복음전파) 조을연 이사장을 비롯하여 그간 벤넬 선교사와 같이 봉사하였던 일행은 8월 20일 칠곡 동명에 있는 학명묘지에 안장을 마치고 추모의 시간을 가졌다. 그 간의 벤넬의 삶을 뒤돌아보면서 애석의 회고담이 이어졌다.

1953년 7월 27일 한국전쟁 휴전이 되었다. 어느 날 영국 런던 타임즈에 실려 있는 한국에 관한 기사를 열심히 읽었다. 그날따라 그 기사가 유난히 크게 다가왔다.

극동지역 한국이 전쟁의 소용돌이에서 겨우 끝난 시점이었다. 코리아는 세계우방들의 구호 손길이 절실하다는 내용이었다. 36세의 벤넬은 간호사 자격을 갖춘 숙녀의 몸이었다. 그는 세상에서 제일 어렵고 힘든 일이라면 한 몸 바쳐 육신의 병을 고쳐주는 의사의 사명과 영혼을 구원하는 선교사의 길을 원했었다. 미지의 나라 코리아 사람들이 손짓하는 것 같았다. 마치 마게도냐 사람들이 바울사도를 자기들 나라로 오라고 손짓하는 환상처럼 말이다.

세상에서 제일 불쌍하고 천대받는 한센(나병환자) 환우들을 구호하기로 결심하였다. 한센병이란 지금까지 하늘이 내린 병이라는 게 일반적인 생각이다. 가족도 담을 쌓고 천륜을 끊어야 하는 병이 아니던가. 버림받아 길에서 앉아있는 사진을 보고는 내가 가겠다고 벤넬 간호사는 결심하게 되었던 것이다.

영국의 가장 귀중한 사업에는 성경제작에 필요한 종이를 무료로 보급하는 성서공회와 일반 평신도들이 한센병 구호사업에 힘을 쏟는 두 가지가 있다.

17C때 영국이 인도를 지배하였다. 인도에는 유독 한센환자들이 많았다. 영국은 이 환자들을 구호하기 위해 민간인들이 주축이 되어 구라사업을 전개, 많은 효과를 거둔 바 있다. 벤넬 간호사도 그 단체의 한 사람이었다. 구라선교 회원의 도움을 받기로 하고 한국행을 결심하였다.

1956년 2월 어느 날, 리포항을 출발, 홍콩을 거쳐 부산항에 도착하였던 날짜가 1956년 3월 6일, 한 달 가까운 항해의 결과였다.

밤이었다. 마치 고층건물이 즐비하고 불빛이 찬란한 항구처럼 보였단다. 홍콩으로 잘못 돌아온 것 아닌가 하고 착각하였던 것, 아침이 되자 깜짝 놀랐다. 산허리에는 다닥다닥 판잣집이 성냥갑처럼 포개어 있지 않은가. 이것이 한국의 첫인상이었다고 한다.

부산에 호주 선교회에서 후원하는 일신병원이 있었다. 병원으로 갔다. 병원에서 경상북도 보건과 김대발 과장을 소개받고 대구로 왔다.

그는 장로로서 친절한 협조로, 우선 경대병원 동쪽 모퉁이 한 건물을 임대받았다. 나병은 일반병원에서 입원을 거절한다. 그 때부터 나병 진료사업을 본격적으로 하였다. 산간벽지 방방곡곡을 찾아 다녔다.

농촌지역엔 눈길이 잘 닿는 곳에 "나병은 고칠 수 있다"라는 대형 간판을 세웠다. 소문에 소문을 듣고 환자들이 몰려들었다. 대구 거리에도 나병환자의 수가 눈에 뜨이게 줄어들었다. 벤넬 간호사의 집념이 차츰 빛을 보게 되었던 것이다. 일제 때부터 소록도에 나병한자 병원이 있었다. 그곳만으로는 부족하였다.

'가도가도 황톳길 전라도 먼 길 하룻밤 자고나니 발가락 한 개가 없어졌네. 가도 가도 먼 길 소록도 가는 길 어찌 이리 먼 길인가' 한하운의 시는 나병환자의 고통의 증언이다.

'경상도 문둥이'란 말이 어떻게 해서 생겼을까? 북쪽의 찬 겨울을 피해 따뜻한 경상도에서 보리밥 한 술로 허기를 채우기 위해 경상도로 모여들었을까? 아니면 물이 나빠서일까? 이런 어려운 진료 사업에 뛰어든 벤넬은 천사의 손길 또한 고난의 가시밭길이기도 하였다.

대학병원에 나병환자들 병동에 우리 구라 선교회원들이 크리스마스 때가 되면 빵과 선물을 가지고 찾곤 하였다. 위로의 말과 함께 손가락 없는 손을 잡으며 악수를 한다. 그들의 눈에는 이슬이 맺힌다. 차마 맡을 수 없는 냄새도 참는다. 그 때 손잡았던 환우들은 대부분 하늘나라로 갔다.

그간 진료 구호한 인원수는 연인원 20여만 명, 험한 산길 방방곡곡을 찾아다닌 거리가 20여만 km(50만 리), 남북한 3000리 거리의 17배 가까운 거리를 누비었다. 지금은 경북도내에 11개의 집단 정착촌을 이루고 있다.

그 가운데 영천군 어느 마을 다리 밑에서 우로를 피해 2, 3명이 추위에 떨고 있는 환자들을 보았다. 벤넬 간호사는 새로 나온 DDS 신약으로 치료하여 주었다. 소문에 소문을 듣고 나병환자들이 모여들었다. 여기가 영천군 청통면 오수동 390번지다. 교회를 짓고 땅을 사주어 양계, 양돈을 하게 하고 자립경영으로 이끌어 주었다. 이와 같은 실례는 여러 곳이 있다.

벤넬 간호사의 일화 한토막, 우리나라 화장실 환경이 열

약하여 물을 적게 마시었다는 것 하며, 종이를 아끼려 메모용지는 명함크기의 종이로 기록을 남기는 것을 목격하기도 하였다. 필자는 그 분으로부터 영국 카렌다를 선물로 받은 적이 있다. 우리나라 같으면 12장인데, 그러나 영국 카렌다는 6장이었다. 앞뒤에 인쇄하여 1년치 달력을 만들었다. 영국은 다 이렇게 만드느냐고 물었을 때 "물론이지요." 대답하였다. 대영제국도 이와 같이 절약경제로 부를 쌓고 대국이 되어 남을 도와주는 것이로구나!

지금도 잊을 수 없다.

그는 1970년도에는 TLM(The Leprosy Mission) 한국지회 대표로, 1974년 재단법인 구라선교회를 설립 초대이사장으로 역임하였다.

인류애에 불타는 정신으로 낯설고 물설은 타국땅에서 희생적인 봉사의 자취는 헛되지 않았다. 영국여왕으로부터 O.B.E 작위를, 한국정부로부터 국민훈장 동백장을 받기도 하였다.

1980년 12월에 60세로 정년퇴임 고국으로 돌아가셨다.

귀국 후에도 여러 번 한국을 찾았었다. 그의 유언대로

한국땅에 뼈를 묻고 싶었기에 오늘 그의 안식처를 마련하여 드렸다. 세상에서 가장 어렵고 싫어하는 일을 그는 몸소 실천하였다. 나이팅게일의 정신으로 걸어왔던 그는 이제 하늘나라에서 편히 쉴 수 있게 되었다.

'천사의 길, 고난의 길, 소리 없이 묵묵하게 걸어온 그!'

우리들은 살아있는 한 그의 숭고한 정신을 잊을 수 있으랴.

그의 무덤 앞 비석은 오늘따라 햇빛에 반사되어 눈이 부시었다.

소가 우리 가족을 살려준 사연

작년 말 그리고 금년 초에 유례없는 '구제역'으로 인한 소 살처분이 우리들 마음을 안타깝게 하였다. 세월은 반세기를 넘어갔지만 나의 고향에서 있었던 전란의 틈바구니에서 농사를 지어 주었던 우리 집 소가 그립다. 안타까운 추억이 떠오른다.

1950년 9월 15일 인천 상륙 작전이 UN군 쪽의 성공으로 한국전이 역전되어 한만 국경까지 진격하였다가 중공군의 개입으로 아군이 후퇴를 거듭 1951년 1월 4일 서울을 다시 적에게 내어 주던 한국전쟁 때의 일이다.

내가 살던 거창군 신원면은 저 유명한 거창 양민 학살 사건이 있었던 곳이다. 그 당시 우리 가족도 하마터면 처참한 죽음을 당할 뻔하였다. 요행히 소 한 마리가 우리 가족을 죽음의 구렁텅이에서 살려 준 기적이 60년이 흘러간 지금도 나의 뇌리에 생생하다. 이유는 이렇다.

1950년 11월 5일 신원지서가 경찰이 복귀한 지 한 달 후인 12월 5일 게릴라들의 수중에 들어간 것이다. 게릴라 그들의 말대로라면 '해방구'가 된 것이다. 해방구란 경찰의 힘이 미치지 못하고 게릴라의 역량이 좌지우지되는 곳을 말한다. 밤에만 내려오던 그들이 낮에도 활개를 치고 다니게 된 것이다.

12월 14일은 신원면 소야마을의 운명의 날이었다.

이한호씨 댁에 사위를 보는 날이었다. 산에 있던 게릴라들이 술 생각이 있었는지 동네에 내려와 동리 사랑방을 차지하고 휴식을 취하고 있었다. 이시분 신부는 곱게 단장하고 신랑을 맞을 준비를 하고 있었다.

신랑 될 박병화는 신부 집에 도착해 예식 준비를 하였

다. 이윽고 결혼 예식이 시작되었다. 사모관대를 쓴 신랑이 마당 멍석에 서서 신부가 방에서 나오기를 기다렸다. 이때 사랑방에 죽치고 있던 게릴라들이 하나 둘 모이기 시작했다. 더러는 신랑 귀도 크고 코도 크다며 한마디씩 거들었다. 흘기(문우주씨)가 "신부 출" 하니 들러리에 의지한, 신부가 마당으로 내려왔다. 이윽고 맞절을 하는 찰나 흘기가 "신부 배" 하니 들러리들에 의지해 절을 했다. 이때 동리 앞산 쪽에서 총소리가 천지를 뒤흔들었다. 박병화 신랑이 절을 할 차례였으나 미처 절을 하지 못하고 천지가 무너지듯 풍비박산이 되어 버렸다.

구경하던 동리 사람들은 혼비백산이 되었다. 동리 앞산에서 산청, 차황 토벌 경찰들이 게릴라가 있음을 보고 전투를 개시한 것이다. 나도 구경을 하다 말고 집으로 와 이불을 둘러쓰고 벽을 의지해 떨고 있었다. 이때 달아나던 게릴라 3명도 전사하였다. 동리 사람 가운데 어떤 분은 총알이 벽을 뚫고 들어와 총상을 입었다. 한참 총소리가 동리를 뒤흔들어 놓더니 동리 앞 논들에서 외치는 소리가 들려왔다. 동리 사람들은 전부 논들로 나오라는 고함 소리가 들려왔다. 나도 할 수 없이 동생 석부를 업고 논들로 나갔다. 토벌 경찰들은 청년들은 골라 산청 쪽으로 끌고 갔다. 끌려간 청년들은 다음 날 무사히 귀가하였다.(오익경 대령, 처음에 관대하였다, 토벌사단 연대장)

경찰 토벌대는 짚단에 불을 붙이더니 집에 붙였다. 1백여 호 동리가 순식간에 잿더미로 내려앉았다. 우리 집과 교회도 타기 시작했다. 나는 동생을 업은 채 교회로 달려가 안에 있는 의자와 강대상 집기를 밖으로 들어냈다. 작은 힘으로 어찌할 수 없었다. 유리창이 홍시처럼 흘러내리는 것을 보고 엉엉 울기만 하였다. 집으로 달려갔다. 내가 쓰던 책상, 상장을 넣어 둔 것이 흔적만 남아 있었다. 집이 탈 무렵 소가 있는 힘을 다했는지 고삐를 떼고 빗장을 부수고 뛰쳐나와 우리 집 밭에 서 있다가(훗날 동리 사람이 증언) 밤중에 "음매음매" 하면서 외양간을 찾아왔으나 잿더미뿐 마구가 없어진 것을 보고 음매- 하였다.

이제 우리 죽었다 하시며 아버지는 눈물을 흘리셨다. 우리 식구는 소야마을 너머에 있는 동리 더터마을로 가서 곁방살이를 하게 되었다.

해가 바뀌고 2월이 되었다. 이때가 2월 10일 아침이다. 아래 동리 사람이 더터동리로 들어오면서 "아무래도 이번에는 다른 데로 피란을 가야겠다."고 하면서 어쩔 줄을 몰라 했다. 2월 5일 11사단 9연대 3대대 한동석 소령이 이끄는 토벌군이 신원에 들어왔다. 이때 게릴라들은 산으로 꼭꼭 숨어 쥐 죽은 듯 세상은 조용했다. 군인들은 치안을 경찰에 넘겨주고 지리산 쪽을 향해 진격해 갔다.

7일이었다. 산에 숨어 있던 게릴라가 경찰지서를 습격해 11명의 사상자를 내고 지서와 면사무소를 불태우고 말았다. 지리산 쪽으로 가던 부대가 이것을 알고 뒤돌아와 신원면 일대를 다시 토벌하기 시작한 것이다. 진짜 빨갱이는 하나도 못 잡고 불쌍하고 애매한 양민만 칠백수십 명 몰살한 것이 거창 사건이다.

10일 아침 어머니께서 "너는 이 소를 몰고 먼저 산청 차황으로 넘어가라." 하시었다. 이때가 9시, 나는 시키는 대로 차황으로 넘어갔다. 10시경 아버지, 어머니, 동생 셋 모두 다섯 식구가 가재도구를 이고 지고 소야마을 불탄 곳을 지날 무렵이었다. 마을 중간쯤 내려오는데 어머니가 갑

자기 무서움증이 머리에서 발끝까지 내려오는 것을 직감하고 어디 숨을 곳을 찾았다. 이미 토벌대의 군화 소리가 귀에 들려오고 있었다.

눈이 내려 온 세상이 눈으로 덮여 있었다. 우리 식구는 타다 남은 벽을 의지해 짚을 깔고 앉았다. 조금 있으니 군인들이 바로 코앞까지 와서 지나가고 있었다.

동생 석만이가 "아부지 우리 손 들고 나갑시다." 하니 아버지께서 "가만히 있어." 하셨다. 만일 그때 내가 소를 몰고 일찍 가지 않고 같이 행동을 하였던들 소를 감출 곳도 없을 뿐더러 인기척이 나기 마련으로 온 가족이 군인들에게 발각되어 현장 총살 되었을 것이다.

어머니는 그때를 생각하면 늘 우리 다 죽고 너만 살았을 것인데 구사일생으로 살아났음을 기적으로 생각하곤 하셨다. 그때 어찌할 수 없이 피란 가지 못하고 붙들려 끌려간 사람들은 신원국민학교에서 하룻밤을 지새우고 이튿날 2월 11일 억울한 죽음을 당했던 것이다.

게릴라를 토벌하기 위해 창설한 토벌 사단이 11사단이었고 최덕신 사단장이었었다. 최덕신은 훗날 북한으로 갔다. 그때의 작전 개념이 '견벽청야'였다. 최덕신은 중국 황포군관학교를 나와 중국 국부군 소좌를 지낸 중국통으로 지켜야 할 거점을 벽으로 쌓듯이 확보하고 부득이 적에게 내어줄 경우 그 지역과 집들은 불을 지르고 깨끗이 청소해 버리는 것인데 최덕신도 이 작전을 거창 신원에서 전개하였던 것이다.

신원에서의 결과는 정작 죽여야 할 사람은 죽지 않고 주의가 무엇인지 모르고 내가 어떠랴 하던 설마 타령하며 풀을 뜯어 먹고 살던 민초가 죄 없이 죽었던 것이다.

우리는 고향을 떠나 산청군 단계교회가 있는 곳을 찾아 이사를 하였다. 건진 것이란 소 한 마리였다. 이 소를 근간으로 하여 남의 일을 하여 주고 1년 반을 살았다. 단계를 떠나 18살 되는 내가 가족을 이끌고 대구로 오게 되었다.

소를 팔지 않으면 안 되었다. 시장에서 팔았다. 팔려 간 그 소가 우리가 살았던 바로 옆집이었다. 팔려 간 소가 우리 식구를 보고 계속 "음매-에" 하면서 진짜 눈물을 흘리고 우는 것을 보았다. 정들었던 소를 뒤로하고 대구로 왔다. 쇠털 빛깔은 붉은색이었고 순하고 순하던 소가 우리 식구와 7년간 같이 지냈다. 60년이 지났건만 아직도 나의 마음 구석에 소가 살아 있다. 하나님은 소를 통해 바위처럼 방패가 되어 우리를 굳게 지켜 주었다. 그 고마운 소 어찌 잊을 쏘냐!

朴山자락 두 무덤

신원면 박산자락엔 큰 두 무덤이 말없이 누워있다. 하나는 남자의 묘, 또 하나는 여자의 무덤이라고 묘석이 말해주고 있다. 해마다 음력 7월 28일에는 거창사건 위령제가 열린다. 금년에는 47주기다. 올해에도 1,000여 명이 모인 위령제가 유가족과 내외빈, 그리고 면민이 모여 그 날의 참상을 추모하는 날이었다.

왜 7월 28일일까? 일 년에 한 번 조상묘를 벌초하는 날로 정하여 지내오다가 이 날이 추모일이 되었다. 47주기이지만 조직적으로 많은 사람을 동원한 추모제는 10번째이다. 1988년 유족들이 정부에 명예회복과 배상을 요구한 그 해부터 10년간 이어오고 있다.

올해의 위령제는 희생자 유족으로서 보면, 그 어느 때보다 감회가 남다르다 할 것이다. 47년 전 법 없이도 살아갈 순박한 유족의 부모형제, 일가친척들이 적도 아닌 아군에게 통비분자로 몰려 억울한 죽음을 당했고 유족들은 연좌제 등에 묶여 생의 불이익을 당하는 인고의 세월을 보냈었다.

그러나 유족들은 어떤 핍박에도 굴하지 않고, 꾸준히 희생자의 명예회복과 유족들에 대한 피해보상운동을 전개, 거창 군민은 물론 전 국민의 호응과 지지를 받았고 드디어 95년 12월 18일, 제14대 국회 177차 정기 국회 회의에서 '거창사건 등 관련자의 명예회복에 관한 특별조치법'을 통과시키는 쾌거를 이룬 바 있다.

물론 이 특별법은 유족들로 보면, 만족할 만한 내용은 아니더라도 거창 군민, 신원 면민 특히 유족들의 피나는 투쟁의 덕분으로 전국에서 일어난 거창양민학살사건과 유사한 사건들의 희생자와 그 유족들도 명예를 회복할 수 있는 법적 조치를 만들었다는 데 큰 의미를 가졌다 할 것이다. 아울러 이 법의 통과로 거창 군민의 기개를 온 나라에 알리기도 했다. 이 법의 통과 이후 희생자와 유족이 확정되고, 법에 의한 공식적인 합동위령제와 추모식이 96년부터 엄숙히 거행되었으며 '사단법인 거창사건 희생자 유족회'가 설립되어 본격적인 위령사업을 추진할 차비를 차리고 있다.

금년에는 추모제에 앞서 거창읍 둔치에서 유족을 비롯한 군민 1만여 명이 참석한 가운데 영령들을 위로하는 '열린 음악제'가 전야제로서 처음으로 성황리에 가진 바 있다.

다시 47년 전으로 되돌아가 본다.

1951년 2월 5일 운명의 그 날은 음력 섣달 그믐날이었다. 게릴라가 준동하는 미수복지구인 신원을 탈환하기 위하여 11사단(일명 화랑부대) 9연대 3대대장 한동석(25세)은 부대를 이끌고 거창 농림학교를 조용히 빠져나가 감악산을 향해 진격하였다.

5시에 출발한 병력은 12시경 신원에 도착, 전투없이 미수복지구를 접수하였다. 게릴라들은 전날 밤 산으로 꼭꼭 숨어버린 이후다. 공비들은 피실격허避實擊虛의 전술을 구사했고, 이정화령以整化零의 전법을 활용했다. 즉 종적을 감추었다가 필요하면 다시 모여 세력을 이룬다는 뜻이다.

게릴라들은 토벌군이 진격하면 전투를 포기하고 경찰이 있는 곳에는 영락없이 전투를 벌이곤 하였다. 토벌군이 신원에 들어왔을 때 조용하기만 하여 일단 치안을 경찰병력에 넘기고 산청쪽을 향하여 진격하였다.

산에 숨었던 게릴라들은 이튿날 새벽 경찰을 습격, 다시 그들 수중에 넣었다. 산청읍에 주둔한 9연대장 오익경 소령은 한동석을 만나자 지난밤에 신원면이 쑥대밭이 되었으니 다시 돌아가 작명대로 하라고 호통을 쳤다. 사단작명은 견벽청야堅壁淸野이다. 즉 적이 발을 붙일 만한 곳을 허허벌판처럼 깨끗이 쓸어버리고 방어할 수 있는 지역은 벽을 단단히 쌓듯이 하여 적을 대항하라는 전법이다.

신원에 되돌아온 한동석 대대장은 또 이상한 징후를 느꼈다. 신원면은 어린이 노약자 뿐, 총소리 한 방 들리지 않고 조용하기만 하였다.

2월 9일, 덕산리 청연에 토벌 나가 주민 76명을 논, 들에서 집단 총살하고 2월 10일, 대현리 탈양계곡에서 100여 명 학살하였고, 집들은 몽땅 태웠다. 신원학교에 수용되었던 540여 명을 2월 11일 박산계곡에서 집단 학살, 불을 놓아 태웠다.

이 사실이 국회에 알려지자 세상이 뒤집혔다. 한동석은 졸속한 작전을 후회하고 죄 없는 아이들까지(14세 미만 359명) 죽인 것은 잘못되었다는 것을 알고 양심에 가책이 되었던지 부대를 동원, 시체를 뒤적여 아이들은 2km 떨어진 홍동골에 숨기었다. 국회조사단이 감악산을 넘으려 하자 토벌군이 공비로 가장, 진로를 차단하였다. 이 사실이 탄로나자 신성모 국방과 법무, 내무 세 장관이 물러나고 재판이 진행, 연대장 오익경은 일년 3개월 만에 한동석도 몇 달을 살다가 군에 복귀하였다.

박산에 버려져 있는 시체를 3년 만에 파 옮겨 머리가 짧은 시체는 남자, 머리가 긴 시체는 여자라고 분류, 두 무덤을 만들었다. 우리나라 어디에도 이런 곳은 없다.

지금도 국방 전사는 189명 통비분자로 처형되었다고 되어있다. 그러나 719명의 목숨을 되살릴 수 없으니 무엇으로 보상할까. '무슨 주의' 따위는 이름조차 모르고 살았던 어진 백성들, 민주와 공산주의라는 틈바구니에서, 고래 싸움에 등 터진 새우처럼 억울하게 희생된 양민들을 생각하면 지금도 가슴이 아프다. 나는 박산의 두 무덤 앞에 서면 눈물부터 나온다. 나와 우리 식구는 다행히 그 때 토벌군이 동리에 들어왔을 때 불탄 벽을 의지해 숨어 있다가 죽음 일보 직전에 천행으로 살았다. 만일 그때 토벌군에게 발각되었으면 총살되었을 것이고 학교에 끌려갔으면 이 무덤에 누워 있을 것이다, 라고 늘 생각한다.

억울하게 죽어간 이웃 어른들을 위하여 살아있는 우리는 무엇을 어떻게 하여야 할 것인가를 잠들기 전에 늘 생각하곤 한다.

<장로문학 1999년>

거창 사건 추모공원 그리고 그 꿈

1951년 2월 9일에서 11일 거창군 신원면 과정리에 천인공노할 사건이 있었다.

저6·25동란, 공산군의 남침으로 피를 흘린 것만 해도 겨레의 역사 위에 뼈저린 자취를 남길 일이라 하겠거늘, 하물며 일부 미련한 토벌군에 의하여 죄 없는 양민들의 집단 살육을 당했음이랴.

당시 국회의원 신중목 씨의 발의로 국회의원 조사단의 손에 의하여 그 사실이 천하에 발표된 채 남은 친족과 동포들의 통곡 속에 어느덧 3년 세월이 지나가 마침내 희생자들의 그 얼굴

조차 분간할 길이 없어져 1954년 음력 3월 3일, 다만 남자 여자 소아만을 구별하여 새 무덤에 안장하니 남자 109명, 여자 183명, 소아 225명, 합하여 517명이었다. 그리고 당시 6년이 지났건만 고을 동포들은 쓰라린 기억들을 잊지 못하고 한 덩이 묘비를 세워 그립고 애통하는 정을 표시하고자 그 간절한 뜻을 받들어 붓을 들었건만 세상에 있을 수 없는 일이 있은 것이다. 차마 무슨 말로 뒤 세상에 기록을 남기겠느냐. 다만 여기 손을 씻고 외로운 혼들의 명복을 빌며 후세 자손들에게 정의와 동포애를 지켜라 경고할 따름이다.

1960년 12월 11일 이은상은 글을 짓고

신종환은 글씨를 쓰고 신원면민 삼가 비를 세우다

위의 글은 노산 이은상의 위령 비문인데, 1951년 2월 9·10·11일 3일간에 걸쳐 양민학살의 기록을 짧은 글로 세운 비석은 1961년 5·16군사정부 때에 당시 신원면장 박영보의 타살로 유족들이 옥고를 치르고 비석은 정으로 찍혀 땅 속에 파묻혔다가 1988년 2월 15일 다시 파내어 현재에도 비스듬히 세워져 있는 실정이다.

나는 1961년 당시 군복무 중일 때였다. 한 달 간격으로 두 번 꿈을 꾼 적이 있다. 우리 동리에 같이 교회에 다녔던 청년 셋이 박산 합동 묘지 바로 옆에서 손을 흔들며 나의 손을 잡고 반가워하는 꿈을 꾸었다. 많은 세월이 흘러갔어도 아직도 그때가 생생하다. 그 당시 꿈을 깨고 난 나는 한없이 울어 베개를 흠뻑 적신 적이 있었다. 조종문, 조종만, 조종호 3형제와 그의 부친 조해권 영수님이 함께 희생된 참상이었다.

이 때 경향 각 신문에 거창사건에 관한 기사가 많이 게재되었다. 4·19혁명으로 인하여 잠시 동안 언론이 자유로웠을 때다. 이 기사들을 스크랩하여 두었다. 언젠가 한번은 책으로 낼 것이란 집념이 맴돌고 있을 때였다.

세월이 흐르고 1988년 『남부군과 거창사건』이란 단행본을 내어 세상에 알린 일이 있다. 1988년 이후 유족들은 줄곧 정부와 국회에 진정서, 탄원서 등 수없이 청원하여 마침내 1995년 12월 18일 '거창사건 관련자 명예 회복에 관한 특별조치법'이 통과되어 우여곡절 끝에 정부 예산으로 "거창사건 희생자추모공원"을 마련하게 되었다. 매년 한 번씩 '위령제 및 추모행사'가 이루어지고 있다. 박산 끝자락 대로변에 큰 무덤이라 하여 두 기의 무덤이 있다. 한 무덤은 남자 묘, 또 한 무덤은 여자 묘로 하여 나란히 놓여 있다. 묘 앞에는 지금도 정으로 찍은 비석이 누워 있고, 그 옆에는 잘 다듬어진 이은상 선생이 쓴 비문이 서 있다.

추모공원이 조성되기 전에는 묘 옆 사방에는 소나무 등 잡초가 무성하였는데, 지금은 묘원이 잘 다듬어져 있어 경사진 터에 그런대로 정리가 되어 있다.

나는 요즘 이 묘 앞을 지날 때 크게 놀란다. 왜냐면 1961년 그때 두 번이나 꿈에 조종문 3형제가 지금 다듬어진 이 묘역에서 손을 흔들고 나의 손을 붙들고 놓지 않으려 애쓰는 장면이 그때 꿈의 배경과 너무나 똑같이 다듬어진 지형을 보면 신기하고 가슴이 터지는 것 같다. 이 묘역 주변을 이렇게 다듬으라고 부탁한 것도 아닌데, 어쩌면 그때 보았던 그대로 지형을 다듬었을까 하는 의아심이 든다.

큰 무덤 건너편에 '영탑'이 조성되어 있다. 공원현황으로 묘역 공간, 참배 공간, 추모 공간, 진입 공간, 기존 묘역으로 162,426㎡(49133평)으로 3년여 추진, 사업이 완성되었다. 669기의 묘역에는 흡사 국립묘지와 비슷한 '영탑' 형태로 조성되어 있고 전통담장이 설치되었다.

희생자의 이름을 읽어 가노라면 대답할 수도 있는 것이란 착각을 가질 수 있는 순간들이다. 왜냐하면 죽어야 할 이유가 없었기에 아직도 살아 있을 것만 같은 생각을 떨쳐버릴 수 없겠기 때문이다.

당시 희생된 사람은 719명으로 집계되었으나 뒷날 새로 밝혀진 분들이 더 있었기에 더 많은 숫자가 되어진 것이다. 청년마을 84명, 탄량골 100명, 박산골 517명, 기타 지역 18명 등이 희생되었다.

'영탑'에 새겨진 이름을 읽어 나가다가 눈길이 멈춘 곳은 50여 년 전 꿈에 두 번이나 나타난 믿음의 형제와 그의 부친 이름이 간단한 약력과 함께 새겨져 있다.

조해권(領袖)의 묘(1951년 2월 11일 졸).

여기 이 분은 함안인으로서 와룡교회(소야교회) 강단을 지켜오신 영수로서 지역의 선각자로 하나님 사랑, 나라 사랑, 이웃사랑의 기독정신을 몸소 실천하면서 순수하게 평생을 사시다 왜 하필 국군에 의해 당해야 할 하등의 이유도 모른 채 작열하는 총탄 속에서도 함께한 사랑하는 세 아들(종문, 종만, 종호)을 품에 안고 절규하는 기도로 최후를 마치셨다.

비록 육신은 흉탄으로 비명에 갔지만 보혈로 구속받은 영혼은 아들과 함께 낙원에서 신령한 몸으로 영복을 누리소서.

당시 16세 소년 막내아들 조종팔 장로가 칠순 노년이 되어 통곡의 이 글을 바치다.

조종문(聖徒)의 묘(1951년 2월 11일 졸).

땅에 있는 우리의 장막이 무너지면 하나님께서 지으신 집, 곧 손으로 지은 것이 아니라 하늘에 있는 집이 우리에게 있을 줄 아나니(고후 5 : 1)

조종만(聖徒)의 묘(1951년 2월 11일 졸).

아버지! 정말 불러보고 싶었던 말입니다. 소자와 아버지는 이 세상에서 예순다섯 날을 함께 살았다고 어머니께서 살아생전 말씀하셨습니다.

아버지! 그러나 불효자는 아버지 얼굴을 기억 못합니다.

아버지! 어머니 생전에 말씀하시더군요.

"너거 아버지 얼굴 볼라카면 명경 놓고 네 얼굴 보라."고요.

아버지! 소자가 정말 아버지를 닮았습니까? 그렇게 아버지를 먼 길 보내시고 1999년 2월 3일 어머니께서 멀리 가신 아버지 길 따라 가셨는데 만나셨다면 근심 걱정 없는 영원한 안식처인 그 먼 곳에서 이승에서 못다 한 사랑 영원히 누리소서.

갓난아기가 60대를 넘어 소자 성제 통곡으로 씀.

조종호(聖徒)의 묘(1951년 2월 11일 졸).

예수께서 이르시되 내가 진실로 이르노니 오늘 네가 나와 함께 낙원에 있으리라(눅 23 : 43)

마지막 조종호는 나보다 4살 위이다. 그는 1950년 12월 초에 결혼하였다. 처가가 합천군 대병면 감골이다. 우리 동리는 12월 14일에 토벌군 및 경찰이 빨치산과의 치열한 전투로 인하여 100여 호 동리가 불바다가 되어 잿더미가 되었을 때다. 우리 식구는 이웃마을 더터 동리에 가서 더부살이를 하였고, 나는 빨갱이가 무서워 봉산면에 가서 수일간 있다가 식구가 있는 집으로 돌아오는 길이었다. 해가 저물어 감골 조종호 처가에 들어갔었다. 자초지종을 이야기하니 자고 가라면서 재워주었다.

밤 12시쯤 되었을까. 이때 마당에서 총을 든 경찰관이 "여보시오? 오늘 저녁에 어떤 사람이 들어왔죠?" 하는 것이 아닌가. 옆에 누운 조종호 장인 되는 분이 나의 손을 꼭 잡으면서 "아, 그 사람 저녁 먹고 갔소." 하셨다. 나의 머리카락이 빳빳하게 서고 온몸에 전율이 흐르는 것 같았다. 몸은 식은땀으로 흥건하였다. 그때 그 사람들이 방에 들어와 발각되었으면 살아남지 못했으리라.

우리 동리 사람들 가운데 이곳 대병면으로 피난 와서 지서에 끌려가 녹초가 되도록 두들겨 맞아서 병신이 된 사람이 많았기 때문이다. 국군이나 경찰은 우군으로 여기고 있었지만 타지방 사람은 무조건 두들겨 패기부터 할 때이다.

지금도 그때를 생각하면 소름이 끼친다. 조종호 형의 처가를 생각하면 고맙고, 종호 형의 부인은 신행도 못하고 과부가 되었는데, 그 후 어디로 시집가서 잘 살고 있는지 궁금하다.

1951년 2월 10일 저녁 신원초등학교 교실에서 조종만의 부인 정이귀 씨는 한 살 된 아들을 업고 교실에 수용되어 있었다. 업고 있던 갓난아이가 시끄럽게 울고 있었다. 복도에서 지키고 있던 토벌군이 "애새끼 정말 시끄러워 귀찮네. 아줌마 밖으로 나가!" 하였다. 이 때 정이귀 씨는 얼른 밖으로 뛰쳐나왔다. 운동장으로 걸어나오니 보초를 서고 있는 군인이 "왜 나오는 거야?" 했다. "저 안에 군인양

반이 나가라카네요." 이 길로 아래 동리 양지리로 내려와 모자가 무사히 살았다.

그 때 그 아이가 오늘 기념식에서 유족회 회장이 되어 아래와 같은 인사를 하였다.

"참으로 긴 세월이었습니다. 억울하게 죽어 간 원혼들의 무덤 위에 잡초가 나고 지기를 50여 년이 더 지나 갔습니다. 아직도 고통의 세월은 계속되고 있습니다. 죽어서 눈을 감지 못하는 원혼들이니 살아서 가슴에 못이 박힌 우리 유족들은 오명과 소외의 세월을 가슴에 안고 살아갑니다. 오늘 거창사건 55주기 추모식을 위하여 유족들의 슬픔을 같이 나누고자…… 조성제 인사를 갈음합니다."

속칭 거창사건을 요약하면 이렇다.

아군이 낙동강까지 후퇴, 인천 상륙으로 반격을 가하여 1950년 9월 28일 거창이 다시 수복되었다. 1950년 11월 5일 신원면에 다시 경찰이 들어왔다. 한 달 뒤 12월 5일 신원경찰지서가 공비의 습격을 받고 경찰관 및 민간인이 많이 희생되었다. 두 달간을 빨치산의 해방구로 방치되었다.

1951년 2월 5일 토벌군 11사단 3대대가 신원을 수복, 치안을 경찰부대에 인계하고 산청 지리산 쪽으로 진격하였다.

2월 6일은 음력 설날이었다. 2월 7일 산에 숨었던 게릴라가 지서를 습격, 경찰 11명을 사살하고 지서와 면사무소를 소각하게 된다.

2월 8일 지리산 쪽으로 진격하던 토벌군이 다시 신원으로 되돌아왔다. 되돌아온 토벌부대는 신원을 쑥대밭으로 만들기 위해 '견벽청야' 작전을 펼쳤다. 신원초등학교에 신원 주민들을 집결시키고 군·경 가족들은 가려낸 후 박산 골짝에 몰아넣은 뒤 총격을 가한 것이다. 부녀자, 어린아이가 대부분이었다.

원인은 산에 있던 게릴라들이 밤에 내려와 식량을 털어가고 지서를 습격하게 되었기에 이런 끔찍한 일이 일어난 것이다.

그때는 대한민국이 위태한 찰나였다. 중공군이 한강 이남까지 밀고 내려오고, 지리산을 중심으로 산악 지대는 미처 후퇴하지 못한 인민군 패잔병이 후방을 교란함으로써 UN군과 국군은 앞뒤에서 공격을 받는 상황이었다.

거창사건은 민초들이 고래싸움에 새우 등 터지는 격이었다. 순수 민간인이 집단적으로 이렇게 많이 희생된 예는 세계대전, 1·2차 대전을 두고서라도 거창사건처럼 비참한 예는 없다고 한다. 전쟁의 비극의 한 단면이라 하겠다.

1989년 7월 28일 내가 추모제에 추도시를 낭독하였는데, 2007년 3월 거창군 당국이 추모공원 내에 시비를 건립하여 두었다.

박산아 말해 다오

차 석 규

반세기를 벼르고도 아직 못 푼 한이 여기 있다
오늘도 슬프게 한숨짓고 있다
무엇으로 이 한을 달래줄 수 있단 말인가
1951년 2월 11일
한설 뿌리는 차가운 아침
먹지도 못하고 배고픈 창자를 움켜잡고
양 무리처럼 박산 골짝에 몰리어
최후에 어린이 노약자 끌어안은 채
총탄은 미친 듯 죄 없는 목숨을 앗아간 것을
3년간 비바람 맞으며 누울 자리 없이

억울한 절규를 소리 없이 외쳤음이여
오백십칠 명의 원혼들이 여기 있다
구천에서 맴돌고 있는 넋들이
오늘도 여기에서 울고 있다오
세상에 있을 수 없는 이런 일을
후세 길손들은 기억할 손가!
박산아 말해 다오
감악산아 대답해 다오
여기 비명에 간 신원 양민이
지금도 외치고 있다오.

내 고향 소야교회를 찾아서

나의 모 교회 소야 교회는 100년을 보낸 역사 깊은 교회이다. 고향 선조들은 400여 년 전 임진왜란 때 목숨을 부지하기 위해 산골짝을 찾아 이곳에 정착하였다. 이러한 곳에 어찌하여 복음이 일찍 들어왔을까? 역사적인 문서 한 장 없었지만 어른들로부터 전해들은 이야기를 모아 필자는 2009년 100년사를 엮어 역사의 한 축을 남겼다.

산청군 신등면 단계리에 박 참봉이란 분이 있었다. 참봉은 조정에서 왕족 묘를 관리하는 직책을 말한다. 비록 천

직이었으나 지방에 내려오면 상당한 대접과 벼슬아치를 뽐내는 직업이었다. 지방의 관아 말단 벼슬아치들은 참봉에게 잘 보이기 위해 굽실거렸다. 벼슬을 하면 자연 재물이 따라붙게 마련인가 보다. 나의 고향 신원에는 물 좋은 논들을 사 모아 가을이면 많은 도지를 받아 부자의 행세를 톡톡히 하였다. 가을이면 창지 고방 집에 벼를 모은 집이 지금도 있다. 쌀을 져다 주고 얼마의 돈을 받으려고 서로 줄을 섰다. (생전 어머니의 증언).

나의 마을에 '박응용'이란 젊은 사람이 살았다. 하루는 한양에서 박 참봉이 내려왔다는 소문을 듣고 단숨에 달려갔다.

"저는 소야 마을에 사는 밀양 박가올시다. 할 수만 있으면 저를 한양에 데려가, 왕실 아무 데라도 좋으니 취직을 하고 싶소이다."
하고 큰절을 몇 번이나 하였다. 박 참봉은 차마 거절할 수 없었다.

"그러면 내시라도 좋겠느냐?"

내시란 궁중 안 궁녀를 지키고 보호 감독하며 궁궐의

식사 감독, 왕명의 전달, 수문 청소를 비롯하여 등급에 따라 내관, 내수, 내한, 엄환, 중관, 충한, 혼시 등 숱한 직무가 있다고 한다.

"내시란 고자(생식기를 거세한 자)가 되어야 하는데 그렇게 할 수 있겠느냐?"

"예! 할 수만 있으면 무엇이라도 하겠나이다."

이렇게 대답하고 집에 와서 이웃 사람 모르게 어른들로부터 도움을 받아 거세하였다. 마취 주사도 없을 때 어떻게 그 아픔을 참았을까? 이리하여 인위적으로 생식기를 거세하고 한양에 동행하였는데 왕족 가운데 아픈 사람이 있으면 어의를 안내, 접대하는 부서에 일하게 된 것을 보아 박응용 내시는 환부, 혼시에 종사한 것 같다.

1894년 우리나라에 처음 선교사로 오신 이는 감리교의 아펜젤러와 장로교의 언더우드였다. 선교사는 의술로 왕족을 치료하여 왕궁 출입이 잦았다. 여기에 박응용 내시는 아펜젤러 선교사와 자주 접촉하는 기회가 많았다. 아펜젤러는 박응용 내시를 전도하였고 박 내시는 복음을 받아들여 교인이 되었다.

선교사는 박 내시에게 성경책을 팔면서 전도하는 권서란 직분을 주었으며, 그는 고향에 내려올 때 성경 찬송을 말에 싣고 왔다.

1909년 음력 설 명절에 동리 사람들 모아 전도하였는데 이것이 교회의 출발이었다.

거창읍 교회가 1909년 10월에 창립되었고 와룡교회가 1909년 2월에 세워졌으니 8개월 빠른 셈이다. 우리나라 초대교회는 거의가 선교사에 의해 세워진 것으로 볼 때 와룡교회는 우리 마을 사람에 의하여 창립되었으니 특이한 점이다. 사실 우리 고향은 오지였기에 선교사가 말을 타고 오기엔 어려운 곳이다. 이리하여 서부 경남에서는 일찍 복음이 들어왔다.

朝鮮예수교 ≪長老會史記≫(主紀元 1928年)에 다음과 같이 기록되어 있다.

> 居昌郡臥龍教會가 成立하다. 先是에 京城 朴應龍의 傳導로 本洞書濟에서 四十餘人이 禮拜하더니 未久에 禮拜堂을 建築하니라 引導者 金潤明이 無據한 義兵嫌疑로 被捉하니 教會가 患難에 임하여 근근 7人이 禮拜하다가

其後復興하니라. 다음에 居昌郡敎會가 成立하다.

라는 기록이 있다.

2009년 2월에 와룡교회가 100년 기념을 갖고 10월에 거창교회가 창립기념예배를 가진 바 있다. 와룡교회는 초창기부터 큰 시련이 닥쳤었다.

내시는 영리하고 열심히 하는 20세의 약관인 김윤명을 초대영수로 세웠다.

1909년 당시는 일본 헌병 정치로 전국에 헌병이 군마다 주둔하였는데 조선 관리의 부패와 일본이 우리나라를 삼키려는 징조가 있어 각처에서 뜻이 있는 청년이면 의병에 가입하고 관리를 공격할 때였다. 김윤명 영수가 의병에 관여하였다 하여 심한 고초 끝에 1년 여 고생하다가 죽임을 당하고 말았다. 와룡교회가 처음에는 감리회에 전도받았기에 감리회 와룡교회로 몇 년간 지내왔다.

그 당시 우리 고향은 신지면이었고 삼가현에 속한 지역이었다.

삼가에 구세군이 일찍 들어왔다. 따라서 구세군 지도를

받게 되어 구세군영이 되었다.

1910년 우리나라가 일본에 합병되고 1914년에 합천군 삼가면으로 바뀌었다. 당시 우리 고향은 신지면과 율원면이 합하여 신원면이 되면서 거창군으로 개편되어 와룡교회는 거창읍 교회 지도를 받게 되었다. 따라서 장로교로 교단이 바뀌었다. 이리하여 교단이 세 번 바뀐 역사가 있다.

또한 뼈아픈 환난이 있었으니 6.25 한국전란 때 교회가 전소되었다. 1950년 전란 그 해 12월 14일 동리에 전투가 있어 온 동리가 전소되었을 때다. 12월 5일 신원지서가 게릴라에 의해 점령당하니 신원면은 말 그대로 해방구가 되었다. 12월 14일 12시 동리 이한우씨 집에 딸을 치우는 결혼식이 있었다. 신원면이 그들 손안에 들어갔으니 산에 있던 게릴라들이 대낮 결혼식장에 와서 구경하는 광경이 벌어졌다. 소야마을은 산청군과 거창군의 경계쪽에 있다.

토벌대가 경계를 넘어 소야 마을 쪽을 수색하다보니 동리 가운데 게릴라 군인들이 있음을 보고 포위 공격하였다. 결혼식 중간에 전투가 벌어진 것이다. 토벌대들은 100여 호 되는 동리에 불을 질렀다. 논, 들에서 나는 동생을 업고 있었다. 이윽고 교회가 타기 시작했다. 동생을 업은 몸으로 교회에 가서 교회 안에 집기, 즉 걸상 강대상 등을 밖으로 들어냈다. 그러는 사이 교회는 불에 타고 내려앉았다. 교회 유리창이 홍시 같이 흘러내리는 것을 보고 한 없이 울었다. 우리 집에 가니 나의 책상과 책은 다 타서 재만 남아 있었다. 외양간의 소는 고삐를 풀고 불 속을 빠져나와 들로 가 있다가 밤중에 돌아왔다. 소는 외양간을 바라보고 "엄매, 엄매" 하고 울고 우리도 소 따라 한없이 울었다. 훗날 거창사건이 일어났을 때 우리 가족은 소 때문에 기적적으로 살아났다.(이 기사는 월간문학 2011년 7월호에 상세히 기록) 이때 거창 양민 사건이라 하여 온 나라를 놀라게 하였다. 719명이 골짜기에서 죽어갔을 때 우리 식구는 하나님의 도움 없이는 살지 못했을 것이다. 교회가 불에 타 내려앉을 때 한없이 울던 내 모습을 하나님은 불쌍히 여기셨을까? 우리 식구는 그 어려운 순간을 넘겨 기적으로 살아남았다.

1950년 그때 교회에 조종태 집사가 있었다. 그는 교회를 새로 재건하는 데 심혈을 기울여 전과 같은 교회로 재건하였으며 동리 이름을 따 소야 교회로 이름을 바꾸었다. 100년 기념을 두고 새로 부임한 천정협 목사가 다시 교회를 헐고 100년을 견딜 수 있는 아담한 교회를 새로 지었다. 감리교 → 구세군 → 장로교 이렇게 교단이 바뀌었다. 지금도 교회에 가서 앉을 때마다 감회의 눈물이 흐른다.

제 3 부

인생의 삶과 죽음

이스라엘 순례 중 '마사다'에서

지난 4월 18일에서 27일까지 이스라엘을 순례하는 가운데 가장 인상 깊었던 곳이 있다. 바로 비운의 절벽요새 '마사다(masada)'였다.

'마사다'는 히브리어로 '요새'라는 뜻으로, 사해의 서쪽 해변의 절벽 우뚝한 산으로 되어 있다. 높이 450m의 언덕 위에 선 천연의 요새이다. 정상은 평지로 되어 있으며 길이 600m 폭이 250m나 된다.

이곳은 헤롯왕이 구축한 요새이다. 헤롯은 이곳을 사용

못하고 죽었다. 헤롯은 이곳 말고 이스라엘과 요르단에도 요새를 마련하기도 했다.

예수님 당시는 로마의 지배하에 있었다. A.D 66년에 유대인 반란이 일어났다. 유대인 열성 민족주의자들은 이곳 마사다로 옮겨 온 것이다. 로마 군인들은 예견하고 이곳을 점령하고 있었다. 1,000여 명이 로마군과 싸워 요새를 탈환하였다. 요새를 점령하고 약 3년간을 버티었다니 가히 상상하기 힘들 정도다.

예루살렘을 함락한 로마 총사령관 티투스(Titus)는 장차 아리비아 광야 지역으로 진출할 훈련으로 실바(Silva) 장군으로 하여금 10군단을 이끌고 이곳에 대한 대규모의 포위 작전을 실시하였다. 로마군은 6개월을 걸쳐 요새와 산 사이에 흙을 쌓아 올렸다. 지금도 로마 군인들이 야영한 장소가 남아 있다.

쌓은 산등성을 이용하여 공성퇴(Buttening Ram)를 끌고 올라갔던 거대한 경사로가 지금도 남아 있었다. 이 돌로 어떻게 성벽을 파괴하였을까? 아마 큰 새총 같은 것으로 쏘았을까? 상상하기 힘든 것이었다.

3여 년 동안 포위했으면 굶어 죽었을 법도 한데 좀처럼 항복하지 않았다 한다. 정상에는 물 저장고, 목욕탕, 식량 창고, 회당 등 유적이 있었다. 불행히도 역사적인 날이 왔다. 내일이면 로마 군인들이 파괴된 성벽을 향해 진격해 올 것이다. 유대인 지도자 엘리에제로 벤야이르(Eliegar Benyaitr)는 모두를 모아놓고 다음과 같은 연설을 하였으리라.

"나의 충성스러운 동지 여러분! 우리는 오래 전 로마인이나 그 어느 누구도 섬기지 않고 오직 진실되고 의로우신 우리 하나님만 섬기기로 결의하였습니다. 그런데 그 같은 각오를 실천할 때가 다가왔습니다. 이제 우리는 우리들 자신들을 욕되게 하지 말아야 되겠습니다.

우리는 노예가 됨으로써 위험을 피할 수 있을 때라도 결코 노예가 되도록 굴복한 적은 없었습니다. 우리는 노예의 길을 택해선 안 될 것입니다. 우리가 생포가 되면 로마인의 노예가 될 것입니다.

우리는 혁명을 일으킨 선봉이었으며 마지막까지 투쟁한 사람들입니다. 뜻하지 않게 패배한 다른 사람과는 다르게 우리는 명예롭게 자유인으로서 죽을 수 있으며, 이 특권을 주신 분은 하나님이라고 생각합니다. 우리는 서로 사랑할 수 있는 사람들과 명예롭게 죽음을 택할 수 있는 자유를 가지고 있습니다. 그들이 아무리 우리를 생포할 수 있다 하여도 우리의 자유를 방해하지 못할 것입니다. 우리의 아내들이 욕을 당하지 않게 우리의 자녀들이 노예가 되는 기억을 가지지 않은 채 죽게 하고 세상을 떠나도록 합시다.

앞서 할 일이 있습니다. 요새를 불태웁시다. 전리품이라곤 우리의 시신만을 발견할 것입니다. 그러나 우리의 식량 창고는 남겨 둡시다. 우리가 자결한 것은 음식이 부족해서가 아니라 차라리 죽음을 택했다는 것을 보여 줍시다. 내일 아침 로마군에 잡혀서 온갖 수모를 겪느니 차라리 오늘 밤에 우리 스스로 자유롭게 영광의 죽음을 선택합시다."

이 말에 감동한 각 가족의 가장들이 사랑하는 아내와 아이들을 죽인 다음 남자들이 한자리에 모여 열 명을 추천하여 그 열 명이 나머지 열 명씩을 죽이자고 하였다. 나머지 한 명이 아홉 명을 죽이고 마지막에 자결하였다는 것이다.

이리하여 무려 967명이 죽어갔는데, 그 중 한 명인지, 두 명인지 죽은 사람들 밑에 깔려 살아남았다고 한다. 이 사람들마저 죽었다면 영원히 그 당시 죽음의 현장이 미궁에 빠졌을 것이다. 살아난 사람이 후일 증인으로 유대인 요세푸스(Josephus)에 의해 역사의 기록으로 남게 되었다고 가이드가 설명하였다.

다시 말하면 이곳은 서기 1세기 유대인 역사가 요세푸스(Josephus)에 의해 기록한 전쟁사를 통하여 비극적인 격전지였음이 알려지게 되었다고 한다.

2,000여 년 만에 나라를 세운 이스라엘에 이 비극적인 전설이 오늘날까지 승화되어 현재 이스라엘군 장병들의 선서 식장으로 '통곡의 벽'과 이 곳 '마사다'가 활용되고 있다고 한다. 750만의 이스라엘이 2억 이상의 아랍국가와 싸움을 할 때마다 대승을 하는 힘이 어디서 나오는가!

장병들은 땅을 치며 네버 어게인(Never again)!을 세 번 복창한다고 한다.

1948년 5월 14일에 독립한 이스라엘, 조국을 다시는 외세에 굴종당하지 않는다는 비장한 각오를 새롭게 하고 있는 것이다. 정상 한 편에 이스라엘 국기가 힘차게 나부끼고 있는 것을 보면서 가슴 찡한 순간을 느끼었다.

인생의 삶과 죽음

이번 여름에 미국을 여행할 기회가 있었다. 그 가운데 LA에 갔을 때다. 디즈니랜드와 할리우드 등 여러 곳을 관광하는 가운데 LA 도심 남쪽에 두류공원 두 배쯤 되는 묘지공원을 관광할 수 있었다. 나는 한국의 묘지 사용에 대하여 좁은 국토에 산, 논, 밭 할 것 없이 해마다 묘로 인하여 땅이 잠식되어 가는 것을 보고 안타깝게 생각하곤 했다.

나는 고향의 선영 아래 백 평 남짓한 땅을 평토하였다. 봉분 없는 평토장으로 두 평 남짓한 땅에 한 사람씩 매장하고 작은 비석을 세워 누구 묻혀 있다는 것을 알리는 표시로 백 평에 적어도 50명을 매장할 수 있게 준비하여 두었다. 여기 LA 묘지를 둘러보면서 내가 생각하고 있는 것을 미국 사람들은 벌써 실시하고 있다는 것을 보았다. 미국 사람들은 화장을 하지 않는다. 그러나 최소한의 땅에 시신을 묻어 적어도 백년 동안은 언제 파 보아도 시신이 썩지 않겠끔 처리되어 묻어 두었다는 설명을 들었다. 이 곳 공원에도 사람들 눈에 명당으로 생각되는 자리가 있었다.

이 공원묘지 가운데 제일 좋고 전망이 좋은 곳에 발걸음이 멈추었을 때 재미있는 일이 있었다. 명당이라 볼 수 있는 자리에는 미국 독립선언을 할 때 조지 워싱턴과 각료들이 독립선언서에 서명날인하는 대형 그림이 조각되어 있었다. 그 앞에 한국사람이 묻혀 있고 주변에는 중국사람과 한국사람 대다수가 묻혀 있었다. 자리가 좋아 보이는 곳에는 돈을 많이 내고 묻힐 권리를 얻는다는 것이다.

적어도 독립선언서를 서명하고 있는 조각 앞에는 미국의 저명한 사람이 차지하여야 함에도 한국사람이 차지하였다는 것은 돈이 말하여 주는 것 같았다. 아무리 자본주의 사회라 할지라도 말이다.

돈 앞에는 평등이 깔려 있었으나 조금은 미안한 생각이 들었다.

인간은 모두 죽는다는 것을 알고 있다. 다만 죽음에 대해 무관심하거나 의도적으로 외면하려는 것이 문제이다. 특히 한국사람들은 유난히 생에 대한 집착과 죽음에 대한 거부감이 강하다.

삶이란 죽음과 분리되어 생각할 수 없는데도 한국인들은 삶에 대해 너무 집착하고 있는 듯하다. 몇 백 년이라도 살 것 같은 자세로 살고 있는 것이 사실이다.

병원에서 소생할 가망이 없다는 진단을 받으면 천천히 삶을 정리하고 품위있게 죽을 준비를 하는 것이 미국이나 유럽인들의 모습인 반면 우리나라에서는 숨지는 그 순간까지 효과도 없는 높은 수가의 진료나 항생제에 매달리다 혼수상태에서 허망하게 세상을 떠나는 예가 너무 많다고 본다. 사람이 이 세상에서 잘 사는 것도 중요하지만 죽으면서 사랑하던 가족들과 마지막 정을 나누며, 내세에 기쁨으로 다시 만날 것을 약속하면서 품위있게 죽는 것이 더 중요한 것이라 생각한다. 최상의 죽음은 예기치 않던 죽음, 별안간 맞는 죽음이라는 말도 있다.

2년 전 이런 분을 생각한다. 전병쾌 교수(장로)의 죽음을 생각한다. 주일밤 예배 시간이 끝나고 동료 장로님과 일일이 악수하면서 마치 멀리 떠나는 모습인 양 작별인사를 하였단다. 자기 부인에 대하여는 만일 내가 죽거든 아이들은 이렇게 저렇게 하고 통장정리는 이렇게 하라면서 유언 비슷한 말을 하였단다. 이제 겨우 환갑을 눈앞에 둔 상태였는데 말이다.

평소에 천식으로 약간의 고생을 하였으나 그 앞날까지도 강의를 하였다고 하였다. 그런데 그 다음날 부인더러 오늘은 병원에 가 봐야겠다고 하였단다. 부인과 같이 택시를 타고 가는 중에 조용히 숨을 거두었다고 한다. 나는 그의 죽음이 너무 안타까워 추모의 글로 그 가족을 위로한 적이 있다.

기다리고 예비하는 죽음이 차선이라면 오래 두고 두려워하며 버티는 죽음은 최악이다. 죽음은 악이나 벌이 아니다. 오랜 나그네 생활을 접고 하늘나라로 돌아가는 것이다. 인간의 일은 주어진 생애를 성실하고 즐겁게 살다가 품위있게 죽는 것을 보아야 행복하게 살다간 사람들이라는 평가를 할 수 있지 않을까.

19세기 말 스위스 지질학자 알베로이드 하임은 어느 날 알프스를 등반하다 추락하여 의식을 잃었는데, 그는 사경을 헤매는 중 다음과 같이 신비한 체험을 했다는 것이다.

"나는 죽어가면서 의식이 또렷했다. 눈앞에 지나온 삶의 장면들이 느린 속도로 스쳐 지나갔다. 이어서 초월적 평온함이 마음에 차 올랐다. 아름다운 초자연적 광경이 보이면서 천상의 음악이 들려왔다. 황홀경에 그대로 머물고 싶어졌다. 한참 잠을 자고 깨어났다."

그는 자기와 같이 죽음을 체험한 산악인 30명을 면담한 내용을 책으로 엮어 내었다고 했다. 햄릿은 "죽는 것은 잠자는 것, 잠들면 꿈도 꾸겠지. 단 한 사람도 나그네로 되돌아오지 않는 미지의 나라"라며 독백했다는 것이다.

그러나 위에 소개한 대로 죽음에 빠졌다가 되살아났다고 하는, 이른바 죽음을 체험했다는 사람이 의외로 많다고 하였다. 그들이 진술하는 체험의 공통점은 '혼령의 신체

이탈 → 터널 통과 → 빛과의 만남 → 삶의 회고 →회생'으로 요약된다고 말하였다.

많은 사람이 죽음 체험을 한 사람들을 대상으로 하여 사전 사후에 대한 궁금증을 풀어보려고 노력을 한다. 이들의 모임이 바로 <현대죽음학>의 출범이고, 연구자들이 모여 출발한 것이 <죽음학회>가 있다고 한다. 이 모임은 죽음에 대한 철학적 종교적인 접근 외에도 죽음의 법, 의학, 문학 등 보다 넓은 범주를 대상으로 한다는 것이다. 그리하여 삶과 죽음의 본질 추구, 안락사, 호스피스, 사형, 자살, 장례법의 개선, 고통 없는 죽음 등 여러 가지 연구가 전개될 것이리라 생각한다.

우리 인간은 어차피 죽음을 외면할 수 없는 존재다. 그리하여 하나님의 은혜를 감사하며 그리스도를 섬기다가 하나님이 부르실 때 겸손하게 죽음을 준비하면서 그리고 영광의 소망을 가지고 품위있게 죽어야 되지 않겠나 싶다. 그리스도인에게 죽음은 영생을 위한 출발인 것이다.

못 가본 여리고Jericho

지금도 여리고 도성을 생각하면 너무나 아쉽다.

이집트, 이스라엘, 요르단을 여행하면서 우리의 여행버스가 눈앞에 여리고까지 갔는데 1킬로미터 남짓 거리를 두고 가이드가 여리고는 갈 수 없다고 하였다. 이유는 얼마 전 여행자들이 그곳에서 테러를 당하여서 여행할 수 없는 상황이라 하며 양해를 구했다. 여리고를 샅샅이 보고 싶었는데 꿈이 깨어진 것이다.

여리고의 역사는 무려 7,000여 년이 된다니 세계에서 제일 오래된 도시인 것이다.

지리부도를 보면 여리고를 중심하여 요단강 서안이 요르단에 속해 있는 지리부도도 있다. 여리고 주변을 관광객이 여행하는데 여리고 성읍은 들어가지 못한다. 1965년 6월 7일 전쟁 때 요단강 서안은 이스라엘 수중에 들어갔다. 그러나 여리고 지역은 자치지역으로 되었다.

지금도 여리고 주민은 요르단 주민증을 가지고 있으며 포위된 도시다. 즉 요단강 서쪽은 이스라엘이 점령한 상태지만 식민지인 것이다. 전기나 수도를 이스라엘이 공급한다. 만일 이스라엘에 반항하면 단전 단수로 이어지니 함부로 대항하지 못하는 것이다.

몇 번이나 흥망을 거듭한 이 성읍은 구약시대의 여리고와 신약시대의 여리고 및 비잔틴시대의 여리고의 유적을 간직하고 있다.

여리고가 보이는 지점에서 잠깐 동안 쉬었다. 여리고로 들어가는 길 입구에는 여리고 사람들인지 장사를 하고 있었다.

상품은 대부분 도토기였다. 이 도토기는 색칠이 없는 토기였다. 여리고는 도기가 사용되기 이전에 이미 신석기 시대에 사람들에게 점거되어 있었다는 가이드의 설명이 있었다.

여리고를 역사적 도성으로 더듬어 올라가려면 너무나 학문적 사료가 깊기 때문에 다만 성경에 나오는 기사에 의하여 추측해 볼 뿐이다. 세계사적 유물의 도시인지라 가보지는 못했지만 모세가 이스라엘 백성을 이끌고 지금의 요르단국 '느보산'까지 와서 40년을 살았던 산에서 여리고 성을 멀리서 보기만 하였다.

모세의 무덤이 있는 느보산에서 한없이 마음이 착잡하였다. 모세가 하나님의 명령을 따라 가나안 땅을 바라보라고 지시받은 산(신명기 3:27)이며 죽은 곳(신명기 32 : 49)이고 현재 산꼭대기에 기념교회가 있으며 놋뱀 조각이 있었다. 모세가 죽고 후계자 여호수아가 여리고를 점령한 사기는 이러하다. 여리고의 함락은 BC13세기쯤인 것 같다.

여호수아가 정복한 때의 여리고는 작은 성읍에 불과하였다 한다. 여리고는 요단 계곡과 서부산지에 이르는 도로를 굽어보는 요새의 땅이다. 여호수아가 거느린 이스라엘 백성이 요단강을 건너 약속의 땅 가나안에 들어가 이 성읍을 공격할 때 신중한 준비를 요했으리만큼 견고한 성읍이었다.

여호수아의 군사는 성읍 가까이에 숙영하면서 두 사람의 척후병을 보내 성읍 내정을 탐지해 오게 하였다.(수 1:25) 그들은 성읍의 주위를 언약궤를 중심으로 나팔을 불면서 엿새 동안 매일 한 번씩 돌도록 여호와 하나님이 명하였다. 이레 되는 날 성읍을 일곱 번 돌고 나팔의 신호와 동시에 성벽이 무너져 이스라엘 군에 점령되었다.

다만 기생 '라합'과 그 가족은 이스라엘 척후병을 숨겨준 일이 있었기 때문에 구원받았다. 금, 은, 동 등 귀금속은 구별된 물건으로서 여호와의 곡간에 들었다. 그 후 여리고는 벤야민에 주어졌고 에브라임과의 경계의 성읍으로 되었다.(수 16:1) 그리고 모압땅 에글론이 이스라엘에 대항하자 18년간 점령되었다.(삿 3:13)

이외에도 여리고에 대한 기록은 더 많이 있다.

다음 신약시대의 여리고를 생각해 본다.

예수께서도 종종 여리고를 방문했다고 성경에 나타나고

있다. 요단강에서 세례를 받았을 때도 아마 이 지역을 걸었을 것으로 추측되고, 여리고 근처를 먼눈으로 보았다. 예수께서 요한으로부터 물세례를 받은 것으로 보이는 요단강을 둘러보았다. 예수께서 손님이 되었던 삭개오의 집도 여리고에 있다고 한다. 주님의 최후의 여로에서 소경거지 바디매오의 눈을 보게 해주었던(마 20:29-34) 곳도 이 지역이다.

예루살렘에서 여리고로 가는 가도는 선한 사마리아인 비유의 배경이 되는 지역이다. 그때 그곳은 험하고 외딴 곳이었다.(눅 10:30) AD 70년 예루살렘이 멸망 후 여리고성도 급격히 쇠퇴하였으리라 사가들은 말한다.

구약과 신약을 통하여 수많은 이적과 기적과 비밀이 감추어 있는 그곳 여리고를 직접 밟아보지 못해 아쉽기만 하였다.

톨스토이 생가를 찾아서

눈 덮인 모스크바의 풍경을 본다. 산이 보이지 않는다. 넓은 평야이다. 거리와 건물을 빼고 보이는 것은 자작나무로 가득하다. "자작나무가 많은 곳에 박사가 많이 나오지요." 안내자의 말이다.

대구 도시와 비교하면 숨이 탁 트이고 시원스럽다. 오늘은 모스코바에 온 지 일주일째다. 안내자는 오늘 관광은 톨스토이 생가를 찾아간다는 것이다. 생가는 모스크바 중심가에 있었다. 본래의 고향은 '아스나야 풀라나', 시골이다. 그러면 모스크바로 이사를 왔을까? 아니다. 겨울이면 모스크바에서 살기 위하여 집을 짓고 살았기 때문이다. 200평 규모의 주택이라 울 안에는 책을 만들고 보관하는 건물도 같이 있었다. 일행이 건물 안으로 들어선다.

이 집을 관리하는 요원은 관광객의 오버, 모자 등은 보관하고 구경하라는 것이다. 전기도 없이 껌껌하다. 왜냐? 당시 살았던 모습 그대로 보여주기 위함이란다. 글을 쓰던 서재에는 유물들이 눈에 들어온다. 종이와 펜, 의자, 책상 등이 그대로 보존되어 있다. 접대 응접실, 침실, 딸이 기거한 방 등 다섯 개의 방이 있다.

러시아에서 두 사람의 위인을 꼽으라면 레닌과 톨스토이를 말한다. 토스토예프스키도 톨스토이의 작품을 읽고 "톨스토이는 예술의 신이다."라고 외쳤다고 한다.

톨스토이(1828-1910)는 82세의 나이로 눈을 감을 때까지 자신을 따르는 자들과 만나기 위하여 코카서스로 가던 도중 한 시골 역에서 쓰러지게 될 때까지 그의 삶을 더듬어 보기란 벅찬 일이다. 안내자의 설명을 기록하면서 손때 묻은 그의 집을 구경하기에 바빴다. 어려서 부모를 잃고 숙모들의 보살핌 속에 자랐다. 외국인 가정교사로부터 교육을 받고 취미와 교양을 충분히 쌓았단다. 그러나 '사는 기쁨'과 '육체의 충동'을 긍정하는 낙천적인 성격과 파괴적인 자기 반성의 청교도적 경향을 함께 지니고 있었던 그는 안온한 삶을 버리고 동요 가득 찬 삶을 선택하게 되었다는 것이다. 그는 인간의 마음을 꿰뚫어보는 통찰력을 지니고 있었고 인간 혼의 움직임을 보는 데 통달해 있음을 그의 글로 미루어 알 수 있다. 그의 작품은 민중, 즉 노동하는 사람에 대한 사랑, 깊은 휴머니즘과 청결한 도덕으로 일관하였다 하겠다. 그는 여름이면 농촌에 내려가 농민과 함께 농사를 짓기도 하였으니 말이다.

크림전쟁 때에는 직접 포병 장교로 참전, 전쟁 작품에 반영하는 글을 남겼다. 『전쟁과 평화』는 주요 주인공만도 60여 명, 중요 등장인물이 200여 명에 이르는 대작이다. 1865년부터 1869년 사이에 6권으로 출판했다. 나폴레옹의 침입을 격퇴한 조국 전쟁을 배경으로 한 이 작품에서 등장인물 하나하나가 독특한 개성을 부여하면서, 서유럽과 러시아의 충돌 속에 놓인 러시아 인민들의 삶을 엮어낸

서사시라 할 수 있다.

그는 『안나 카레니나』, 자서전 등 100여 편의 거작을 남기었다.

러시아는 서기 1000년경에 희랍 정교회를 받아들여 국교로 정하였다. 가톨릭을 서방교라 하면 희랍 정교회는 동방 기독교이다. 그후 희랍 정교회에서 독립, 러시아 정교회로 정착, 전 국민의 98%가 기독교인이 되기도 하였다. 그도 기독교의 영향으로 작품마다 성경 구절 인용이 자주 나온다. 그는 문명이라는 악에 대항해서 검소한 농민의 생활을 영위하는 것을 이상으로 삼는 청교도적이고 무정부적 성격이 짙은 자신의 종교를 창시한 자로 보는 이도 있다. 비폭력 무저항의 사도가 됐고 많은 사람들이 순례차, 시골에 묻혀 사는 그를 찾기도 하였단다. 그러나 어떤 면으로는 현실을 신랄하게 비판하기도 하였다.

지주 국가, 러시아 교회, 재판소, 제국주의의 전쟁, 민중들의 경제적 예속에 대한 질타와 고발 또한 강도 높게 파헤친 글도 있다. 각종 부르주아지 제도의 악폐와 농민들의 항의와 절망이 선명하게 비친 것은 당연한 일이다.

톨스토이가 주로 겨울에 살았던 집을 뒤로하고 모스크바 시내를 벗어나 시골 농촌으로 갔다. 눈 덮인 들판에서 차바퀴가 빠져 애를 먹었다.

농민들에게 질문하였다. "개혁 이후 살기가 어떻습니까?" "예, 지금은 공산주의 때보다 못합니다. 석 달째 봉급을 받지 못한 공무원이 많답니다. 연금으로는 살기가 힘듭니다. 물가가 다락같이 올라 임금으로는 부족할 따름이지요. 마피아의 등쌀에 장사도 하기 힘들고요."

"그러면 지금이라도 선거하면 공산주의자가 대통령이 되겠군요."

"아마 당선될 것입니다."고 대답한다.

"하지만 공산주의 시대로 돌아갈 수 없잖아요." 한다.

러시아는 흔들리고 있다. 방황하고 있다. 과도기인 듯하다. 거리에는 말보루 담배 광고, 술 광고 간판을 쉽게 볼 수 있다.

톨스토이가 100년 전에 비판하였던 사회 현실이 눈앞에 꿈틀거리고 있었다. 인간의 본성을 꿰뚫어본 그가 그립다.

<대구문학 30호>

한산도閑山島 기행

지난 4월 중순 교회 일행이 한산섬 망산 산행을 하였다. 망산이란 이순신 장군이 한산대첩을 수행하는 과정에서 왜군이 한반도 남단을 향해 밀려올 때 산 위에서 망을 보았다 하여 망산이라 이름 지어졌을 것이다. 한산섬에서 제일 높은 봉우리였다. 임진왜란 때 이순신 장군처럼 뛰어난 전략가가 없었더라면 지금쯤 한국이란 글자가 있을 수 있을까? 때문에 그를 민족의 태양이요 충무공이라 높이고 있지 않은가!

그가 밟았던 땅을 몇 발자국이라도 밟아보고픈 참이었다. 산을 오르고 내려오면서 한산섬 전투와 연관된 지명을 한 곳이라도 알고 싶어 지도에 나타난 이름과 옛 이름을 더듬어 위치를 눈여겨보았다.

왜적의 시체를 매장한 '매왜치' 왜적의 머리를 수없이 베었던 '두억개', 한산도 안 육성전토 교육을 하였던 '진텃골', 병선을 건조 수리하였던 '네추리' 마을, 소금을 만들었던 '염개', 숯을 만들었던 '숯덩이골' 질그릇을 만들었던 '독안바위', 군수품 창고가 있었던 '창골', 진영이 있었던 '진두', 무기를 감추어 두었던 '야소'마을, 군복을 만들었던 곳이라 하는 '옷바위'마을, 병장기를 만들기 위해 사철을 채굴하였던 '용초, '군수물자를 하역하였던 '멜개', 암초에 돛을 많이 올려 대선단으로 위장하였던 '돛단여', 화살을 만든 곳과 갑옷을 만들었던 곳하며 왜적이 도망길을 물었다는 '문어개' 등등 헤아릴 수 없이 많았다. 한산도 지구는 수군 총사령부를 두고 한산대첩의 공을 세운 전승지로, 이 일대를 승리의 바다로 부르고 있다.

이러한 상념에 잠기면서 이윽고 제승당(制勝堂) 입구에

내려왔다. 역사책에서만 대하던 제승당을 향해 발걸음을 옮기었다. 제승이란 승리함이란 뜻이 담겨 있지만, 당이란 집이 있고 보면 오늘날 진해해군통제부의 원조인 작전 본부가 아닐까 추측하여 보았다. 한산대첩을 이룩한 충무공 이순신 장군의 충절이 얽힌 호국의 승지로서 주변 경관 역시 아름다웠다.

이 충무공이 삼도수군통제사를 제수받아 한산도에 본영을 설치하였을 때 지금의 제승당 자리에 막료 장수들과 작전회의를 하던 운주당을 세웠다는 기록문이 보인다. 비바람 속에 세월은 흘러가고 흙 한 줌 풀 한 포기에도 땀과 숨결이 밴 곳이라 느끼면서 경내 뜰을 거닐었다. 눈길을 끄는 것은 이순신 장군의 후손이 세운 비석에도 한산도가 閑山島歌가 새겨져 있다는 점이었다. 이 시조는 우리나라 초등학생이면 익히 잘 아는 한산섬 달 밝은 밤에……, 한문으로 이렇게 되어 있다.

한산도 명월야 상수루 무태도 심수시 하처일성 호가첨수
(閑山島 明月夜 上戍樓 撫大刀 深愁時 何處一聲 胡茄添愁)

라 새겨져 있었다. 이순신 장군은 문무 모두 뛰어나 유명한 시작도 남기었구나 싶었다.

1948년에 세웠다는, 정인보 선생이 한글로 쓴 비문이 일찍이 한글 학자로서 순 우리말로 된 비석문이 관람객들로 하여금 많이 읽을 수 있게 되어 있어 더욱 좋았다. 선착장 초입의 관광 안내도에 못개-군사들의 식수를 마련하였던 곳이라 적혀 있었다. 제승당 입구에 우물이 있다. 안내판에 <이순신 장군이 마셨던 우물>이라 되어 있다. 아마 이곳을 '못개'라 하지 않았을까 싶다. 다섯 평쯤 되는 우물터가 잘 다듬어져 있다. 쪽박으로 떠서 갈증을 달래었다. 고향에서 맛보던 물맛처럼 맛이 있다. 물이 무슨 맛이냐고? 아니다. 도시에서 먹어보는 물맛과는 다르다.

나이가 들수록 물맛을 구별할 수 있어 더더욱 신기함을 느낀다. 400여 년 전에 이 자리에서 먹을 수 있는 물이 있어 이곳에 작전 본부를 설치하였을 것이요, 진영도 여기 근처에 만들었을 것이다. 바다와는 50여 m 남짓 떨어져 있는데도 짠물이 스며들지 않으니 하늘이 내려준 성수라 할까. 당시 전쟁을 수행하는 데 천금같은 보탬이 되었을 것이다. 고맙고 귀한 샘이었다. 그때의 한산대첩을 이 나무는 알고 있을까마는 사람보다 오래 사는 나무가 부러웠다.

제승당을 찾아오는 많은 발걸음이 이순신 장군을 기억하고 조국의 발전을 소원하여 줄 것이라 믿어 보았다. 한산섬 바다를 보면서 1592년 7월 8일과 10일에 있었던 해상전투를 연상하였다. 수백여 척의 왜선들이 남해안을 향해 밀려올 때 선봉 왜선 47척을 불태우고 깨뜨려 버렸으며 이틀 뒤 12척을 사로잡고 나머지는 도망을 갔다고 한다. 왜놈들은 기가 죽어 공격을 멈추게 하였던 것이나 이것이 한산대첩을 승리로 이끌었던 것이리라. 남들은 무심할 때 이순신 장군은 능히 예견하여 거북선을 만들어 유비무환의 숭고한 뜻을 실천에 옮기었기에 한산대첩을 이룩하였으리라.

이 역사적인 해상과 주변의 수려한 섬들을 묶어 우리나라에서 제일 처음 해상국립공원으로 지정하였다고 보면 되겠다. 총면적 507㎢에 달하는 넓은 지역이다. 행정구역상 전남 여수에서 이곳 한산도까지 2도 5시 7군과 115개의 유인도와 253개의 무인도를 포함하고 있으며, 효율적인 보존 관리를 위하여 6개의 지구로 분할 관리하고 있다는 기록이 보인다.

지금은 대진(대전-진주)고속도로가 완공되었다. 이 길은 통영까지 연장되었다. 서울 사람이 통영까지 오는 데는 불과 6시간이면 한려수도까지 온다. 통영해상터미널에서 한산섬까지는 25분이 소요된다. 지금은 한려해상국립공원이 각광을 받고 있다. 이순신 장군이 부활할 것 같은 상념에 손에 힘을 준다.

우리 일행은 되돌아오는 길에 '한산문' 밖에서 잠시 쉬고 있었다.

아! 여기 이명박 전 대통령이 수행원과 함께 걸어오고 있지 않은가.

우리는 다같이 손을 흔들며 인사를 하였다. 악수도 하고 같이 사진도 찍었다. 청와대를 나온 대통령 여러분이 뒤끝이 안 좋아 어려움이 있었으나 이 대통령은 이제 자유의 몸이 되어 전국의 관광지를 찾아 여행하는 모습을 보면서 한편 고맙기도 하였다. 재임 시 4대강 사업이 잘 마무리되어 온 국민이 함께 덕을 보는 앞날이 되었으면 싶다.

이명박 대통령의 건강과 행복을 빌면서 작별의 인사를 나누었다.

오늘따라 날씨는 초여름을 재촉하는 듯하다. 풍요로운 계절 오기를 기대하여 본다.

물돌몰[河回]을 다녀와서

이번 車·柳종친회에서 하회로 간다는 연락을 받고 한 번은 꼭 가보고 싶은 곳이라 마음 한구석에 기대를 모으고 5월 10일 아침, 일행은 하회로 향하는 버스에 몸을 맡기고 이야기꽃을 피웠다.

하회마을을 소개하는 류시석 종장의 말씀 중에 '물돌몰'이란 말이 나왔다. 나는 신기한 것을 발견이나 한 것처럼 기뻤다. '물이 돌아가는 마을', 즉 한문으로 지명을 표기하기 전에 이미 우리말이 있었기 때문이다.

지금도 우리나라 여러 곳에 옛 우리말 고을 이름이 그대로 전해져 오고 있지만, '물돌몰'이란 참으로 묘한 말이다.

조선조의 전형적인 양반고을 '안동', 안동시청에서 서남쪽에서 27km, 예천 쪽으로 통하는 34번 국도로 20분을 달리다 왼쪽 길로 10분쯤 들어가면 낙동강 지류 하천이 S자로 휘돌아 흐르는 곳에 고요히 자리 잡고 있는 민속마을이 나타난다.

하회는 푸른 가람江을 안고 있는 마을이다. 여기서 가람이란 낙동강이다. 관광버스에서 내려 한 곳이라도 더 보고 싶은 급한 마음을 가다듬노라니 동초 류근수 박사께서 우리 종원들에게 이곳에 계신 서애 류성룡 대감의 13대손되는 박필술 맏종부의 말씀을 듣고자 고택으로 일행이 인도되어 갔다.

하회마을은 남에게 보여주기 위한 관광민속촌이 아니라 류씨일가가 대대로 이어오면서 문중의 역사와 전통을 지켜온 이 시대에서는 찾아보기 힘든 귀한 민속마을이다. 여기서 車柳가 일족族이라 함은 신라 때의 車氏가 후삼국시대에는 6대에 걸쳐 잠시 柳氏로 변성 국난을 피해오다가 고려가 창건되고 왕건태조로부터 다시 車氏로 복성되고 작은아들이 柳氏로 이어오면서 지금까지 車氏가 형제지간으로 종친으로 삼고 있음을 말한다.

박필술 종부의 인사말씀에 이곳까지 여러 일가가 찾아주어 고맙다는 정중한 말씀과 류근수 박사님의 답사가 있었다. 박필술님은 현암사에서 펴낸 『명가의 가훈』을 구술하여 책을 펴내신 분으로 한 가정을 잘 이끌어가기 위해서는 절대적으로 여자가 남자의 어깨에 앉아야 한다는 것, 즉 남자가 바깥에 나가 그 집안의 품위를 잘 나타내게 하는 것은 여자의 바느질 솜씨이며, 마음씨, 맵씨, 솜씨가 중요하며 자녀들을 기르고 훈육하는 것도 여자의 공과 내조가 커야 한다는 말씀이 이어졌다.

일행은 식사대접을 받고는 답례로 차진현 일가의 답례품을 전달한 직후 박정희 대통령의 친필이 걸려 있는 영모각을 구경하였다. 영모각에는 서애 류성룡 대감이 조정에 계실 때 큰 공을 세운 흔적이 잘 보존되어 있었다. 그 분은 무인인 동시에 문인으로 고루 조정에 보필하였으며 임진왜란 시에는 왜적을 물리치는데 이론적으로 정치일선에서 또한 막후에서 탁월한 공을 세웠다고 하였다. 특히 충효당은 보물 44호로 지정되어 있고 서애의 후학 문하생들 사후에 그의 유적을 기리기 위하여 이집을 지었다고 하며 사당에 봉안된 신위에는 대광보국숭록대부大光輔國崇錄大夫이니 조선조 때 문무관으로 正一品을 받은 서애께서 나라에 충성하고 선조에 효도한 뜻으로 세운 건물이라고 한다. 충효당 옆 마당에 가지가 무성한 고운 소나무는 키 큰 처녀가 곱게 빗어내린 처녀의 머리숱처럼 인상깊게 오래 기억될 나무였다.

영모각에 비치된 교지에 중국의 연호가 써 있는 만력 三十二年 등 유물은 조선이 중국의 속국이었다는 것을 느끼게 되어 조금은 씁쓸하기도.

국보132호인 징빙록과 보물160호인 군문등록, 진사록, 난후잡록 등은 영의정으로 임진왜란을 몸소 겪었던 서애의 수기들이며 이밖에 그의 유품 120여 점이 보관되어 있었다.

서애 대감의 형님 겸암의 종택인 양진당은 보물414호로 지정되어 있어 일행은 류씨 가문의 실제 맏종부님께도 인사를 드렸다.

정부에서는 지난 84년 문화재뿐만 아니라 상류층의 고가로 부터 서민층의 초가에 이르기까지 옛모습 그대로 보존되어 있는 하회마을을 중심하여 160만 평을 문화재보호구역으로 확정하는 한편 이 일대를 중요민속자료 122호로 지정했다고 한다.

600년 동안 풍산류씨 일가가 동족보존을 이루어온 하회마을은 지금도 노송림이 우거져있고 깨끗한 백사장을 끼고 흐르는 낙동강은 예나 지금이나 흘러흘러가고 있었다. 부용대를 중심으로 동쪽에서 서쪽으로 서쪽에서 다시 동쪽으로 역류하며 느리게 움직이고 있기에 東流水하며 西流水하라는 별칭을 얻는 듯 묘한 물굽이의 지형 때문에 다리미꼴 마을, 태극형 마을로 표현되기도 하였으며 물돌몰이란 묘한 이름이 지금도 사람들에 입에 오르내리고 있는 이름이 오래 이어졌으면 하였다.

하회를 둘러보며 빼놓을 수 없는 것은 하회탈이다. 하회탈은 河回마을에 古來로부터 전승되어온 원시종교형태의 별신제의 가면무극(탈놀이)에 쓰였던 탈인데 제작연대는 고려 중후기로 추정되며 이름 모를 도령이 만들었다는 전설이 있단다. 우리나라의 많은 탈 가운데 유일하게 국보(제121호)로 지정되어있는 하회탈은 원래 12개였으나 현재 9개가 전해지고 있는데 조각의 솜씨가 훌륭하고 고정된 얼굴인데도 희로애락의 표현변화가 뛰어나 더욱 유명하게 되었다는 탈 판매원의 설명이다.

하회의 서민들은 별신제행사 때 가면무극을 통하여 그때 그때의 세태를 풍자하고 자신들의 감정을 거리낌없이 토로할 수 있었을 것이라 짐작되었다. 신분과 질서가 엄격했던 시대에 하회에서 이러한 탈놀이가 전해왔던 것은 이마을 양반들이 별신행세를 승낙, 수용하였을 뿐 아니라 경제적 지원과 모든 일상적 질서에서 서민들을 풀어주었기 때문이리라. 이 점이 하회탈 놀이가 우리나라 여러 탈놀이와 크게 다른 특징이며 하회에만 이어온 독특한 탈놀이 문화형태가 아닌가 싶다. 1928년 이후 예스런 하회별신제 전부는 볼 수 없게 되었다. 아마도 없어진 3개는 일본사람들이 강제로 빼앗아 갔을 것이라고 말하였다.

하외탈은 매우 신성하게 여겨 탈을 함부로 다루게 되면

'탈난다'하여 탈을 꺼내거나 볼 때에는 탈이 들어있는 궤 앞에서 먼저 제사를 지냈다고 한다. 흔히 시골에서 들은 이야기로 "탈났다"고들 하는 말을 들어왔다. 무엇을 잘못 취급하였거나 만지어서 사고가 나거나 병이 들게 되었다면 탈타령을 하는 것은 하회탈놀이에서 유래된 관습이 아닐는지…….

'물돌몰'을 돌아보고 오면서 탈을 파는 가게에서 넌지시 응시하는 양반, 선비, 중, 백정, 초랭이(남자중), 할미, 이메(상민), 부네(젊은 여자) 각시탈은 국보로 지정되어 원형은 국립박물관에 소장되어 있을 정도다.

수백 년 전 선조님들의 발자취를 되돌아보고 오는 발걸음은 한결 가벼웁기만 하다.

<대구수필 1997년>

종교宗教와 종친회宗親會

신문지상을 대할 때 차車 누구, 류柳 누구 하여 상당한 직위를 가진 분이 어느 처소에서 근무를 하고, 또는 사업을 한다는 글을 읽을 때 어쩐지 기분이 흐뭇하고 돋보이기도 한다. 반대로 차車 누구, 류柳 누구가 죄를 짓고 구속을 당하였다거나 사회에 누를 끼쳤다는 기사를 읽을 때는 어쩐지 내가 당한 것처럼 섭섭한 기분이 든다. 이것은 나뿐 아니라 차가車哥의 성을 가진 일가라면 같은 경험이 있을 것이다.

이러한 일들은 지각이 있는 사람이면 한번쯤 느낄 수 있을 것이고 이는 물보다 피가 진하기 때문이 아닐까 싶다.

우리 사회는 일가 혹은 종씨宗氏 이념이 사상을 초월하여 상부상조하고 살아간다. 특히 유교가 바탕이 된 이조 오백년은 씨족이념이 투철하여 양반 상인常人의 고질적인 병폐가 사회발전의 걸림돌이 되어 온 것이 사실이나 일가를 다스리는 대가족제도는 어른을 잘 섬기고 아랫사람을 잘 훈육하며 살아왔기에 윤리도덕이 발전하고 질서 있는 사회로 이어왔던 것이다.

오늘날은 어떤가, 사회규범이 말이 아니다. 일가一家도 친척도 아랑곳없이 개인주의 사회로 흐르는 것을 볼 때 참삶의 인간미가 어느 쪽이 많겠는가, 한번쯤 되돌아봐야 하지 않겠나 싶다.

오늘날 종교가 이처럼 다양한 때가 없다. 유교사상이 부모조상에 대한 숭배 내지 공경에 치우쳤다고 하면 기독교는 하나님 안에서 형제자매로 친교하고 성姓을 초월하여 자녀로서의 관계로 생각하는 것이다. 기독교는 국경이 없다는 말도 있다. 인류는 다 같은 형제로 생각한다. 전자를 종적縱的인 측면이라고 본다면 후자는 횡적橫的 유대라고 보겠다.

불교나 유교, 기타 종교는 제사문제, 종친회관계, 족보문제 등은 별 장벽이 없으나 기독교는 제사에 있어 엎드려 절하는 것, 풍수설에 의하여 묘소를 잡는다는 것은 우상숭배와 관련하여 문제점이 있는 것이다. 그러면 기독교인은 부모에 대하여 등한히 하여도 되는 것인가? 절대로 그렇지 않다. 기독교에는 십계명十誡命이 있다. 십계명 중 사계명까지는 하나님께 대한 공경이며 오계명부터 십계명까지는 부모와 이웃에 대한 공경을 말하고 있다. 특히 제 오계명은 "네 부모를 공경하라. 그리하면 너의 하나님 나 여호와가 네게 준 땅에서 네 생명이 길리라." 하였다. 즉, 효도 하면 네가 장수한다는 말이 성경에 있다. 종교인이 다른 사업자보다 보통 10년 이상 오래 산다는 통계학에서도 지적한 것을 보았다. 죽어서 섬기는 것보다 살아 있을 때 효도하는 것이 더 마땅하지 않겠나 싶다.

또한 기독교에서는 3, 4,대까지 제사를 지내지 않더라도 부모님 당대는 추도식을 가진다. 추도식이나 묘사에는 제물을 갖추지 않으나 음식을 만들어 나누어먹고 생전 살아

계실 때의 모습과 삶을 되새겨보는 시간을 가지는 것이다.

성묘도 절기 따라 하며 폐허가 되지 않도록 게을리 하여서는 안 되는 것으로 여기고 있다. 묘소는 가족묘지 혹은 교회 공동묘지로 집약하여 쓰는 것이다.

여기에 종교와 관련 일가一家, 종씨宗氏, 종친회 등을 생각하여 보자. 종친회 하면 족보가 따라온다. 족보란 고려 이후 왕실록王實錄을 본받아 가보家寶가 확대되어 족보를 만들어 자손들에게 자기 가문의 내력을 가르쳐 주고 촌수를 알게 하며, 뿌리의 소중함을 심어주고 예절을 갖추게 하며, 조상들의 업적을 본받도록 한 데서 유래하였다 하겠다. 즉, 나라의 내력을 국사國史라 한다면 집안의 내력을 족보에서 알게 하려는 것이다.

요즘 사람들의 모습은 어떤가. 국사는 소상히 알면서 자기가 어디에서 나서 어디로 흘러왔는가 하는 것도 바르게 모르는 사람이 허다하다. 살기가 바빴다고 하나 조상의 고마움이나 친척간의 정의도 멀리하고 살아가는 현대인들이 아닌지 한번쯤 반성하여야겠다.

족보는 옛날에는 한자투성이여서, 요즘 젊은이는 모르

는 것이 많다. 따라서 족보도 현대화하여 보기 쉽고 우리 글로 된 족보가 되었으면 한다.

아울러 우리 차가車哥 일문一門은 삼국시대 이래 빼어난 조상들의 얼이 흘러 이어져 오고 있을 것을 한시도 잊지 말아야 할 것이며 긍지를 가지고 종친들이 상부상조하여 사회생활을 혈연의 고마움을 느끼도록 서로 힘써야 할 것이다. 나아가 민족번영에 뒤떨어짐이 없게 후손들의 본(本)이 되도록 노력하여야 되지 않겠는가?

종교를 가진 분이라도 자신과 상대의 역사를 알기 위해서 또한 친족간의 친교를 두텁게 하고 교양을 쌓는 데도 친구를 사귀는 이상으로 노력하여야겠다.

이조 오백년 동안에는 우리 차가들이 음지에서 살아왔다고 다들 말한다. 이조가 망하고 현대사회에는 어디에서든 우리 일가들이 정치, 경제, 종교, 교육, 사회사업, 문화, 체육 등 두각을 나타내는 모습을 본다. 특히 타성他姓보다 우리 일가一家들의 운세運勢가 돌아온 것 같아 한결 기쁘지 않으랴!

<車門宗報, 2009>

자손子孫은 내 인생의 계주자繼走者이다

오래 살고 싶고, 가능하다면 영원히 살고 싶은 것이 인간의 오랜 숙원일 것이다. 그래서 진시왕은 불로초不老草를 찾아 중국과 조선의 전 산천山川을 뒤졌지만 끝내는 영생의 꿈을 이루지 못하고 죽은 것이다.

인간은 개체단위로 살아가는 하나의 생명체이기 때문에 일정한 수명의 한계를 벗어날 길이 없는 것이다. 그러나 다른 동물과 달리 인간은 죽어도 정신(혼)과 성적표는 인자와 함께 자손이 있는 한 계속 이어져 가는 것이다. 그래서 인간을 영물이라 하는 것이며, 역사적 존재라고 하는 것이다.

나는 작년에 출간한 『연안차씨 대동보』를 자주 보면서 여러 가지 감회깊은 곳을 느끼었다. 내가 이 자리에 서 있는 것을 생각하면 한없이 기쁘고 대단하다고 생각을 하게 되는 것이다. 왜냐하면 처음 중국의 황제黃帝 희헌원姬軒轅의 후손으로 하夏나라 우왕禹王이 사성사씨賜姓姒氏로 이어, 하夏나라 우왕의 11세 손자 사신갑姒辛甲이 조선으로 망명하여 왕씨(王氏)로 개성改姓하여 이어지고 또 왕조명王祖明의 58세 손자 왕몽王蒙이 차씨車氏로 개성改姓하여 오늘날까지 약 5000년간을 내려오면서 자손을 이어 주고 있음을 볼 때 신기하고 감격스럽게 생각하곤 한다.

족보를 살펴보면 중간에 대代가 끊어져 공란이 있어 후손이 루보累譜된 것을 보면 한편 쓸쓸하기조차 하며 그러한 반면에 나는 조상의 음덕을 생각하며 나 자신이 현재에 있음을 감사하게 생각한다. 욕심 같아서는 나의 후손이 몇 만년 이어 갔으면 하는 바람을 하여 보는 것이다. 나에게도 손자녀가 다섯이 있는데 큰놈은 중학교 2학년이고,

둘째놈은 초등학교 3학년이다. 욕심 같아서는 그래도 남자 아이가 잘 자라서 내가 못한 업을 이어가고 못 다한 학문을 닦아 세상에 빛을 냈으면 하는 마음이 간절하다. 또한 나는 나를 이 세상에 오게 한 조상의 음덕을 고맙게 생각한다. 따라서 근년에 아버지를 비롯 위의 조상의 묘소를 찾아보았다. 15대조까지 찾아올라 간 것이다. 그 위에는 멀리 경기도 어디인가 있을 것으로 생각하면서 멀리 조상님의 피와 뼈가 있게 한 선조의 모습을 현재 내가 지니고 있음을 기적으로 생각하여 보는 것이다.

우리나라는 한때 산아제한産兒制限 운동으로 아들 딸 구별 말고 잘 키우자 하는 구호가 있었다. 그런데 현재는 어떠한가, 결혼도 늦게 할 뿐 아니라 아예 자녀 낳기를 기피한다. 상당수의 젊은이들은 아들 딸 겨우 하나만 낳아 사는 사람이 허다하다. 자신들만의 행복을 앞세우기도 하거니와 대代를 잇는 것이 무엇이 그렇게 중요하냐고 반문하는 실정이다.

이 지구상의 모든 동식물 등은 종족보존의 본능이 자연의 법칙인 것인데 하물며 인간이 자기들의 안위만 생각하는 것이 과연 지혜로운 것인지 묻고 싶다. 나이가 많아 자손이 없으면 불행감을 맛보게 될 것이며 역사가 후퇴한다는 것을 느끼지 않을 수 없는 것이다.

나는 분가로 따로 사는 아들과 손자손녀들이 자주 보고 싶으면 전화로 대화를 한다. "내가 누구지?" 하고 물으면 "대구 할아버지" 하고 대답할 때 기쁘다.

간혹 곁에 와서 어린 것들이 가슴에 안기면 그때마다 손자의 얼굴을 똑바로 보면서 "너는 내 인생의 연장이야. 나의 바통을 받아들고 달려야 하는 계주자야!" 아직은 말을 못 알아듣지만 그래도 그 말을 반복해 준다. 그리고 그 놈들의 울음소리라도 한번 들어보고 싶어 아들과 딸 집에 자주 전화를 건다. 그러면 기운찬 손자 손녀들의 목소리를 들으면 삶의 의욕이 더욱 솟구쳐 올라온다.

이제 나의 생명은 날마다 조금씩 꺼져가지만 그러나 나의 유전인자와 혼은 나의 인생의 성적기록과 함께 저들 손자손녀들에 의해 전해지며 이어지고 다시 재생되고 있으니 인생은 그렇게 허무한 것도 아니고 무의미한 것도 아니다.

그래서 자손들은 의미상으로 보면 내 인생의 계주자인 것이다. 내 생명은 시들어 가도 그들이 있기 때문에 나의 정신과 유산(성적)과 인자는 끝없이 이 세상에서 살아가고 있는 것이다. 그리고 좋은 유산(성적표)을 물려주어야 되겠다는 생각이 든다. 좋은 성적표란 물량적인 것만이 아니고 도덕적이고 정신적인 것이 더욱 중요하다. 할 것이다.

후예들에게 밝게 살고 깨끗하게 사는 것이 그런 것이다. 밤과 낮으로 여호와의 율법은 무상하며 하나님의 뜻을 좇아 살라. 주님은 말씀하신 바 소금의 역할을 다 하는 것이 빛의 사명을 다하는 것이 되리라.

그렇게만 살아가면 "네가 잘 되고 자손만대로 복을 받을 것이라" 고 주님은 말씀하셨다.

이제 우리는 우리의 계주자를 미리 충분히 훈련시켜 놓아야 한다. 내가 아무리 나의 인생을 잘 살았다 하더라도 후계자가 실패를 거듭하면 세워진 성공탑도 무너지고 말 것이다.

그렇다. 최후에 웃는 자가 참으로 웃는 자이다. 최후의 승리자가 되기 위해서는 어제도 오늘도 잘 해야 되지만 내일의 담당자는 더욱 더 잘 해야 할 것이다.

나의 뜻이 이루어지기 위해서는 여러 명의 손자 손녀가 있어야 한다. 후손이 끊어지면 그것으로 끝나는 것이 될 것이다.

나는 손자가 셋이 있는데(손녀 제외) 작은며느리가

"아버님 하나만 더 낳아도 되겠습니까?"

"아무렴 하나 더 낳으렴!"

<車門宗報 2005년>

신라 때 그 많던 車氏 어떻게 되었을까?

신라 애장왕(A.D 809) 10년에 난이 일어났다. 애장왕 숙부인 언승彦昇이 임금이 되고자 한 것이다. 차무일공의 31세이신 차건갑공은 신라 소성왕조의 노재상老宰相이었다. 소성왕이 임종 시 태자(후에 애장왕)가 나이가 불과 12세였을 때다. 소성왕은 어린 왕의 앞날이 불안하였다.

周公이 武王의 엄명을 받고 나이 어린 成王을 등에 업고 諸臣들과 朝會를 하며 政事를 통솔하였다는 故事를 본받아 老宰相인 公은 太子(애장왕)를 보필하여 王位를 계승토록 부탁하였다는 것이다. 이러함에도 애장왕의 숙부인 언승은 애장왕을 살해하고 스스로 憲德王이 되니 승색공은 先王의 유명이 완곡하고 누대에 걸친 벼슬을 지닌 신하의 忠義心으로 아들 공숙과 함께 前王의 원수를 갚고자 憲德王의 사냥길목 다리 밑에서 복병, 거사를 하려다가 이 사실이 누설되어 체포령이 내려지게 되었다.

마침내 헌덕왕 彦昇은 公의 父子를 체포하거나 은적한 곳을 고지한 자에게 金千斤과 邑萬戶를 하사한다는 방謗이 나붙자 金生이 욕심이 났다. 곧 밀고할 것 같아 公의 종복從僕이 이것을 눈치채고 公에게 전하니 公의 父子가 즉시 그날 밤 그곳을 탈출 황해도 유주방 九月山 묵방동(신라와 고구려 국경)으로 피신하게 되었다.

車가로 있으면 멀리 그곳까지도 추적이 두려워 姓을 임시로 바꾸기로 하였다.

승상 금부의 妻家 姓과 같은 楊氏의 어의語意)를 따 柳氏로 變姓, 이름도 승색을 백(栢)으로 고치었다. 장자長子 공숙恭叔은 숙淑이라 하였다는 것이다. 이때 큰 정변이 일어난 신라에 살았던 우리 車哥들은 다 어떻게 되었을까?

車無一(차무일 B.C 57)공으로 부터 경주에 世居하시고 관행貫行하여 一生, 수명을 125세까지 살아오신 할아버지는 신라건국 초기부터 대대로 벼슬을 하시었다. 애장왕까지 차건갑 할아버지가 31대에 이르도록 대대로 신라의 충복으로 내려오시는 동안 혈족도 많이 번성하였다고 짐작된다. 뜻하지 않은 나라의 정변으로 차가일족은 삼족(本家.外家.妻家)을 멸하는 회오리 속에 九月山으로 피신가신 할아버지 父子 外에 신라에 살았던 우리 핏줄은 풍비박산이 되었음을 짐작한다.

이렇게 차가 일족은 신라 땅에서 사라졌음을 생각할 때 천추의 한을 씹을 수밖에 없다. 더러는 日本으로 밀항, 혹은 산속으로 숨어 살면서 성없이 살았을까!

필자는 최근 경주 족보출판(源 譜社 허계수)에서 출간한 『족보이야기』란 책을 읽는 가운데 신라 때 우리 車氏가 살았다는 기록을 보고 기쁨을 감추지 못했다.

지금까지 삼국사기, 삼국유사, 한국사, 한국야사를 통해 車氏가 신라에 살았다는 기록을 보지 못했다. 족보이야기 저자인 허계수 氏에게 어떤 연유로 車氏가 신라에 살았는

근거는 무엇인가하고 질문하였다. 그런 내용은 우리나라에는 없고 중국에서 발간한 동국여지승람에 신라에 3성(王姓)과 6姓 및 車, 張, 文, 曺 등 姓氏가 있었다는 기록물을 갖고 있다 하였다.

우리나라 어느 역사책에도 車氏의 生存이 어느 때부터인지를 우리 車氏 족보 말고는 찾을 수 없었다. 천신만고 끝에 찾은 보석처럼 느껴지기도 하였다.

신라 애장왕 당시 우리 선조 승색 할아버지가 아들과 같이 피신 못하시고 죽임을 당했다면 아마 우리나라에는 車氏가 없어질 뻔하였으리라. 현재 우리나라에는 車氏一家가 남북을 合해 약 20만 명이 살고 있다.

신라 때나 이씨조선초기에 車門에 변이 없었더라면 지금쯤은 4, 50만 명이상이 살아있을 것이고 柳氏 보다야 많지 않을까 생각한다.

아마도 우리나라 성받이 가운데 10손가락 안에 들 것이고 갑족甲族으로 번창하였을 것이다. 그러한데 우리가 살고 있는 지금 눈앞에 신기한 말들이 일어나고 있다.

꼭꼭 숨어 있다가 여기저기서 車氏의 명성이 튀어 나오

고 있으니 이게 웬일일까? 다른 어떤 성반이보다 車氏의 진출이 신문지상이나 언론을 타고 약진하는 모습을 볼 때 車氏들의 男子, 女子 다들 車氏핏줄의 고귀함을 그 어찌 자랑스럽다 아니하리오.

<車門宗報 2006년>

제 4 부

6 · 25 한국전쟁을 다시 생각한다

다부동 전투 구국영령추모제 참관기

다부동 전투는 대한민국의 운명이 걸린 결전장. 적의 기습으로 서울을 잃은 국군은 남으로 후퇴한 1개월 후, 더는 물러설 수 없는 절체절명의 낙동강 교두보에 다다랐다. 파죽지세의 적 앞에서 국군 제1사단(사령관 백선엽)은 천혜의 낙동강과 다부동의 지리地利에 군관민이 일체된 55일간의 사투는 적을 물리치고 전세를 역전, 구국의 일대전이다.

해마다 9월이면 다부동 전투를 기념하기 위해 1사단이

주체가 되어 일련의 행사를 갖는다. 올해도 예년과 같이 9월 4일 다부동 전투 제59주기 구국 영령 추모제가 열리었다. 나도 초청을 받고 참석하였다.

당시 종군 작가로 활약하였던 시인 조지훈은 1950년 9월 26일 다부동 격전지의 처절한 광경을 시 한 수에 담았다.

多富院에서

피아 공방의 포화가 한 달을 내리 울부짖던 곳
多富院은 이렇게도 대구에서 가까운 거리에 있었구나
싸늘한 가을 바람에 오히려 간고등어 냄새로
썩고 있는 多富院, 살아서 다시 보는 多富院은
죽은 자도 산 자도 다 함께 안주安住의 집이 없고 바람만 분다.

그로부터 17년이 지난 어느 해 전상이 아물고 유학산이 푸르른 숲으로 단장되었다. 다부초등학교에 부임한 申二見 교사는 학교 옆에 세워진 전적비를 보고 가슴에 뜨거운 사명을 느끼었다. — 다부동 전투 한국전 중에서

그는 내 고장에서 벌어졌던 격전을 되새겨 전쟁의 비극

을 모르는 세대에게 알려 주어야겠다는 일념으로 외길 10여 년간, 옛 전쟁의 산천을 누비었고 참전자를 찾아다녔다. 관계 문서를 뒤지고 어려운 고생 끝에 다부동 전투의 생생한 내용을 시청각 교재로 만들어 교육을 통한 애국심 함양에 앞장섰던 것이다.

이것이 계기가 되어 전두환 대통령께서는 1981년 1월 5일 다부동 전투 전적비 및 기념관을 건립하도록 지시하였다는 것이다.

이리하여 1981년 11월 당시의 상황을 실감나게 부각한 웅장한 전적비가 유학산 맞은편에 세워짐으로써 다부동 일대에 뿌려진 용사들의 피가 헛되이 묻히지 않고 빛을 보게 되었으니 명실공히 반공의 터전이요 나라 역사에 길이 빛나는 고장이 되었다.

"독일의 승리는 나의 공이 아니다. 독일 초등학교 선생님들의 수십 년에 걸친 민족 교육의 힘이다. 오늘날 승리의 영광을 전적으로 이들에게 돌린다." 1870년 보불전쟁을 승리로 이끈 '모르트게'가 전승 축하식에서 한 연설이 생각난다.

오늘의 행사 식순 진행은 제1사단 인사참모가 하였다. 다부동 전투 약사를 낭독하였다. 적은 3배의 병력, 10배의 화력으로 단숨에 대구를 삼키려고 제3, 13, 15 및 105전차 사단으로 공격하여 왔다. 다부동을 중심, 아군은 국군 2016, 미군 1282, 경찰 111명이 전사하였다.

세월은 흘러 2005년부터 유학산을 비롯, 다부동 일원에 지금까지 찬이슬을 맞으며 버려져 있는 유해 발굴 작업이 진행되었다. 목적은 6·25참전 용사들의 유해를 발굴, 안장, 주요행사를 통해 넋과 유족을 위로하고 전후세대에 대한 안보의식 고취와 위국헌신의 군인정신을 고양하기 위함이 아닌가 싶다.

칠곡군 가산면 송학리 유학산(359고지) 가산면 봉수리(533고지, 360고지)에서 수습해서 찍은 사진이 행사장 입구에 전시되고 있었다.

M1탄피, 권총탄피, 칼빈탄피, 전투화 조각, 전투복, 판초우의 전투복, 단추, 숟가락, 대검, 칫솔 등 사진을 볼 수 있었다.

유해(허벅지뼈, 두개골, 종아리뼈, 이빨)의 사진을 볼 때 그들도 부모가 있었을 것이고, 형제가 있었을 것이며, 고향이 있었을 것이어늘 그 많은 세월에 이름없이 풀나무 밑에 누워 있었나 생각하니 가슴이 조이었다.

오늘 모인 살아남은 참전용사들은 80을 넘은 예비역 용사들이다. 그들의 대화를 옆에서 들어본다.

"지금은 안동으로 가는 길이 저기로 나 있지만 그때는 이곳 다부동 마을 중간을 지나갔지. 저기에 다리가 있었지. 포탄이 떨어지면 다리 밑으로 달려가 엎드렸지. 대구에서 다부동으로 들어오는 저 길에 부상당한 장병들이 피를 흘리며 물 좀 다오, 살려다오, 하면서 고함치는 소리가 지금도 귓전에 들리는 것 같다."며 살아남은 자의 추억담을 엿들었다. 앞으로 10여 년이 지나면 이들 산 증인들이 이 세상에 남아 있지 않을 것이라 생각해 본다.

동양의 '베르당 전투'라 할 수 있는 다부동 전투, 임시수도 대구사수는 1차대전 중 프랑스의 수도 파리를 독일군의 마각으로부터 구한 '베르당 전투'에 비유된다.

다부동 전투를 알기 위해 지금도 참전 16개국과 동서 사학자들이 찾아든다고 한다. 진해 육군대학의 연대 및 사단전술의 현지교육장이기도 하다는 이야기를 듣는다.

또한 한미연합사령부 참모단의 작전 연수장이기도 하다. 일본 육군자위대 간부학교 학생단의 연례 연수 코스이기도 하다.

오늘 행사 식순 마지막에 모윤숙의 「國軍은 죽어서 말한다」란 헌시 낭독이 있었다.

> 산 옆으로 외따른 골짜기에 혼자 누워 있는 국군을 본다
> 아무 움직임 없이 하늘을 향해 눈을 감은 국군을 본다
> 누른 유니폼 햇살에 반짝이는 어깨의 표시
> 그대는 자랑스런 대한민국의 소위였구나.
> ....
> 산 옆 외따른 골짜기 혼자 누운 국군을 본다
> 아무 말, 아무 움직임 없이 하늘을 향한
> 눈을 감은 국군을 본다
> 장미 냄새보다 더 깊은 피의 향기여!
> 엎드려 그 젊은 주검을 통곡하며 나는 듣노라
> 그대가 주고 간 마지막 말을.

미꾸라지 용 된 나라

『미꾸라지 진짜 용 된 나라 대한민국』 책자를 펴낸 차피득, 그분은 북에서 남으로 온 피난민이다. 19살에 6.25전쟁 중 구두닦이, 미군부대 하우스보이, 국민방위군, 육군 졸병, 전방생활 등 이루 말할 수 없는 고생을 하면서 지구상 그 많은 나라 중 하필이면 한국이란 가난한 나라에 태어나서 많은 원망으로 살아왔다.

그런데 84세가 된 지금 생각이 완전히 달라졌다. 어쩌다 그 많은 나라 중에 "억세게 재수 좋게 한국이라는 나라에

태어나 그렇게 못살던 나라에서 일약 선진국으로 둔갑한 발전과정을 내 당대에 체험하는 행운을 누릴 수 있게 되었을까? 얼마나 한국인이 된 것이 자랑스러운가?" 다 감사하지 않을 수 없다고 한다.

현 70, 80, 90세 된 노장들은 일제식민지, 해방격동기, 6·25전쟁, 산업사회, 민주화사회를 살아왔다. 그동안 신문, 잡지에 기사화된 칼럼 사진 등을 모아 묶어 책으로 편찬하였다. 2011.3.24일에 초판 3,000부를 찍어 사회각계에 나누어 주었다. 한 달 만에 여기저기서 주문이 쇄도하였었다. 지금까지 해외, 국내에 제작배포한 숫자만 무려 50만부를 기증하였다는 것이다. 편자는 월남하여 갖은 고생을 하였지만 현재 살고 있는 우리나라를 생각하면 기적이란 말이 절로 나온다고 한다.

먼 훗날 사학자들이 오늘의 우리 세대를 어떻게 평가해 줄까 자못 궁금하고 기대를 갖고 있다 하겠다.

필자는 우연히 이 책을 손에 넣는 순간 단숨에 독파하였다. 즉시 출판사에 1,000부를 주문하였다. 그리하여 젊은이들에게 나누어 주었다.

그리 오래된 이야기도 아닌 바로 우리 부모님들이 겪은 삶의 한켠을 살펴보자.

'입도선매'니 '보릿고개'니 하는 말들이 있었다. 노인층은 잘 알지만 젊은층은 모르는 말이다. 입도선매란 벼가 익어갈 무렵 식량이 바닥난 농민들이 더 이상 버틸 수 없어서 추수하기 전에 논에 있는 벼를 그 상태로 헐값에 팔아넘기는 것을 말한다. 그리고 보릿고개란 햇곡식 중 제일 먼저 수확하는 것이 보리인데 가지고 있는 식량이 다 떨어져 덜 여문 보리 이삭을 미리 잘라다 허기를 면하던 춘궁기를 말한다.

며칠만 더 밭에 놔두면 더 실하고 더 많은 수확을 올릴 수 있지만 얼마나 다급했으면 그 고비를 못 넘기고 그리 했을까! 지금도 살아있는 노인들은 직접 경험한 사람들도 있으리라 생각한다.

세계대전이 끝나자 새로이 탄생하거나 식민지로 있다가 독립한 나라가 85개국이나 된다. 이 85개국 가운데 산업화와 민주화에 모두 성공한 나라는 유일하게 한국뿐이라 한다.

만약 우리나라가 일본으로부터 독립한 후 지금까지 북한처럼 굶어죽고 못사는 나라로 남아 있으면 일본의 기만적 한일합방은 일본 주장대로 정당화되어 일본사람으로부터 "거봐라" 하고 조롱받을 게 뻔하다고 하겠다.

이제 우리는 더 이상 후진국도 아니다. 아직도 사회 곳곳에 부조리가 없을 수 없으나 나도 모르는 사이에 꿈에도 그리던 선진국 대열에 진입하려는 문턱에 서 있다. 이만큼이라도 잘 살게 된 연유를 짚어보지 않을 수 없다.

일은 사람이 한다. 오늘날 이 나라를 이렇게 설 수 있게 한 큰 인물은 누구를 꼽을 수 있을까 필자는 얼마 전 이런 글을 읽었다.

이승만 초대 대통령을 꼽을 수 있다.

해방된 지 불과 5년 만에 전쟁을 치러야 했다. 혹자는 이승만 박사를 독재자라고 한다. 전쟁의 수라장 속에서 인권이 침해되고 재산이 수탈(농지개혁)된 일도 있었다.

전쟁을 일으킨 북한을 몰아내고 남한만이라도 건지게 된 이승만 대통령의 외교를 높이 평가하고 싶다. UN군의 지원을 얻어 풍전등화처럼 위기에 처한 한국을 지켜 세운 것은 탁월한 이승만 박사의 외교력을 빼놓을 수 없다 하겠다. 이승만 초대 대통령에 대한 평가를 사자가 아닌 초인은 잘라 말할 수 없다.

이승만 박사는 국부라 불러도 모자람이 없다. 그분은 한마디로 평생을 '국적 없는 애국자'로 부르고 싶다는 사람들이 많이 있다. 그의 공과는 역사가들이 철저히 분석하고 연구하여 훗날 사가들의 몫에 맡기지만 그분은 한국독립을 위해 일평생 투쟁했었고 한국에서 출생하여 하와이에서 생을 마치게 될 때까지 이 나라를 위해 온몸을 던지셨던 분이라는 것을 공감할 따름이다. 다만 안타까운 것은 그의 공적과 과오가 무엇인지 밝혀 놓지 않고 덮어놓고 매도한다든가 아니면 찬양하는 흑백 논리의 재단이 안타까울 뿐이다.

해방 전후 남과 북은 신생 정부 탄생을 위한 준비가 완전히 차이가 나 있었다. 북은 이미 점령군이었던 소련군의 지도로 공산정부조직을 완비하여 지하에 숨겨 놓았으나 남쪽은 백가쟁명하여 아수라장이 계속되고 있었다. 좌우합작남북통일정부수립은 당연한 민족적 염원이었지만 상황은 여의치 않았던 것이다. 합작 협상을 한다면 모든 면에서 세력이 불리했던 남한은 북한에 흡수 통일되었을 것이다.

해방직후 김구, 김두봉, 조소앙 이런 분들의 중립적 정부수립을 하였으면 한국이란 이름은 지구상에서 사라졌을 것이다라는 말을 믿고 싶다.

그분은 비록 4·19혁명 후 하와이로 망명하여 그곳에서 죽을 때까지 "걸어서라도 한국에 가리라." 하는 말을 하였다고 한다. 동작동 국립묘지를 6·25이전에 이승만 박사가 지정하였다고 한다. 내가 죽으면 이곳에 묻어 달라고 하였었다. 그곳이 명당으로 보였을까. 그분은 오늘도 하늘나라에서 한국의 발전을 위해 기도하고 있을지도 모른다.

영천대첩永川大捷이란

경북 영천시 고경면 청정리 호국원 내에 있는 영천대첩비(전승탑) 앞에 서 있을 때를 지금도 기억하고 있다. 나의 신앙동지 박양호 장로의 장례식에 갔을 때 말로만 듣던 영천대첩비문을 읽어보게 되었다. 영천 지구 전투가 치열하였다는 이야기를 듣고는 있었지만 직접 비문을 읽음으로써 더욱 가슴에 와 닿았다. 박양호 장로는 안계와 영천 지구 전투 중 파편이 얼굴 왼쪽 볼을 스쳐갔기 때문에 평생 푹 패인 자국을 달고 다녔다. 또한 허벅지 안에 파편이 박혀 있는 것을 모르고 살다가 병이 나서 X-ray를 찍으려고 하니 몸속에 쇳조각이 있어 끝내 수술도 못하고 말았다. 말년에 고생만 하다가 끝내 건강을 회복 못하고 오늘 호국원에 잠들게 되었다. 마침 호국원 관리원과 이런저런 이야기를 나누면서 듣게 된 6. 25전란 전투상황 한마디 한마디는 그저 흘려버릴 수 없었다.

우리나라 역사가 있은 후 오늘까지 이 나라는 기적같이 어려운 고비를 수없이 넘기고 오늘에 이르렀음을 뒤돌아본다.

대첩이란 큰 승리를 이끌어 큰 전과를 얻은 것을 말한다. 우리 역사 가운데 대첩이라 이름 붙여질 만한 격전이 무려 16개나 있다고 한다. 살수대첩, 귀주대첩, 진포대첩, 한산도대첩, 황산대첩, 황주대첩, 홍산대첩, 당황포대첩, 거란대첩, 덕산대첩, 북관대첩, 진주대첩, 명량대첩, 연안대첩, 관음포대첩, 영천대첩을 꼽을 수 있다 한다.

영천대첩은 1950. 9. 4~13(10일간) 전투를 말한다고 한다. 1950년 8월 한 달 동안 낙동강을 사이에 두고 미군은 마산지구에 25사단, 현풍 지구에 24사단, 왜관지구에 1기갑사단이 방어작전을, 국군은 팔공산 다부동 지구에 1사단(백선엽 장군), 신령지구에 6사단, 영천지구에 8사단, 기계 안계지구에 수도사단, 포항지구에 3사단, 특히 학도병이 포항전투에서 제일 많이 전사하였음을 알고 있다.

인민군은 8월 15일까지 부산을 점령하기 위한 작전을 세웠던 것이다. 아군은 8월초에 낙동강까지 후퇴를 거듭하였으며 왜관에서 포항까지 이르는 지경으로 전선이 형성된 상태였다. 그해 8월은 비가 많이 내렸다.

인민군은 비가 오면 좋아한다. 왜냐하면 비행기 공습을 덜 받기 때문이다. 낙동강까지 순조롭게 진격한 인민군을 낙동강 물이 가로막아 버린 셈이다. 고령 낙동강 다리를 지나면 대구가 코앞이다. 한때 인민군 선발대가 낙동강 건너편 위천 쪽까지 진격하였을 때다. 지금의 88고속도로 위천 휴게소 뒤편에 보면 늪으로 된 연못이 있다. 선발대가 비오는 깜깜한 밤을 이용, 돌격대가 대구를 향해 진격하였을 때 이 늪으로 된 논에 이르자 한 번 빠지면 헤어나지 못할 지경에 이르렀다. 여기서 대구의 운명이 위기에서 한숨 돌렸다는 이야기가 있다. 의령전투에서 인민군 4사단이 의령 낙동강 도하에 성공, 곧장 밀양을 향해 진격을 하려고 기다리고 있었는데 인민군 상부의 명령이 없어 2일간이나 지연되는 바람에 밀양 점령의 기회를 잃어버렸다는 이야기가 미군 전사에 기록되어 있다고 한다.

8월 30일을 기해 왜관을 점령하고 대구를 향한 진격작전이 무위로 끝난 일화는 이러하다. 8월 하순에 비가 많이 내리고 있을 때다. 이승만 대통령은 임시수도 부산에 있는 목사들을 부산 초량교회에 모이도록 명령을 내렸다. "8월 30일에는 비가 멈추고 쾌청하도록 기도하여 달라."는 주문을 한 것이다. 그날 밤 목사들은 밤새워 기도하였다. 아니나 다를까 8월 30일은 맑은 날씨가 되었다. '오끼나와'에 있는 미공군 B-29 99대가 왜관을 향해 비행하였다. 왜관지역 낙동강 맞은편에 집결한 인민군을 향해 소나기 같은 융단폭격을 퍼부은 것이다. 온 산이 불바다가 되어 1개 사단병력이 괴멸되고 말았다. 낙동강에서 기선을 빼앗긴 인민군은 영천지역으로 병력을 옮겨 일격 부산을 향해 진격작전을 바꾼 것이다. 이 작전계획을 아군 쪽으로 정보를 가져온 이야기는 이러하다. 9월 초 신령쪽에서 편의대로 가장, 이쪽으로 투항하여 온 인민군 고급군관이 있었다. 그 군관으로부터 "모든 전력을 다하여 영천을 공략, 부산을 향해 진격할 것이다"는 정보를 제공받게 되었다. 아니나 다를까 신령과 영천 북쪽으로 인민군 병력이 집중되는 상황을 알게 된 아군은 급히 영천 방어를 위한 작전을 세운 것이다. 영천은 교통중심지이고 경주와 30km이며, 영천이 함락되면 경주, 부산까지는 쉽게 공격당할 수 있어 대한민국의 운명이 백척간두에 놓이게 된 것이다.

적 15사단은 우리 8사단과 수도사단을 향해 공략을 감행하기에 이르렀다. 이때 유재흥 장군이 지경선을 지키고 있었다. 이때 병력보충은 1사단 11연대(다부동을 지키고 있던)와 신령 6사단 19연대를 8사단으로 배속, 영천 북쪽은 8사단 21연대를 배치하였으며, 또한 7사단 8연대는 유상리에, 예하 16연대와 1사단 11연대를 주공부대로 하였고, 9월 10일 8사단 10연대를 긴급원대복귀(포항지구에서)시켜 9월 13일 총 반격하여 두 번 빼앗긴 영천을 탈환하였다는 것이다. 이때 전과는 사살 3,800여 명, 포로 309명, 각종 장비 2,500여 점, 아군 전자 29명, 부상 140명으로 당시

8사단장 이성가李成佳 장군의 탁월한 지혜로 영천전투를 승리로 이끌어 대한민국을 위기에서 구해 낸 것이었다.

영천호국원은 6.25참전용사들에게 이곳에 묻힐 수 있는 자격을 부여한 곳이다. 현재는 국립묘지로까지 승격되어 영천시가 관리하고 있다.

호국원 조성은 영천을 영웅적으로 사수한 이성가 장군의 아들(한양대 교수)이 도안 설계하였다고 한다.

영천대첩의 영원한 기념으로 매년 9월13일(당시 9 . 13 작전 기념)에 현지에서 참전전우와 가족, 그리고 유관 기관장 및 시민이 함께 그때의 전승을 기념하여 행사를 거행하고 있다고 한다. 만일 그때 영천이 뚫렸다면 한국이란 이름이 지구상에 없어질 뻔했으리라 생각하니 그때가 다시 눈앞에 다가왔다.

<대구문학 75호>

판문점에서

판문점 견학이라고 하니 흡사 학생이 수학여행 답사를 떠나는 생각마저 머리를 스쳐가기 마련, 겨울이 지나고 새싹이 움트는 초봄에 접어든 어느 날 교회에서 전화벨이 울려왔다. “여보세요 장로님, 오늘 판문점에 견학 가는 팀 가운데 한 사람 유고가 있어 자리가 비어 있으니 가고 싶으면 지금 곧 택시로 달려오시면 됩니다.”라고 하였다.

TV나 라디오에서 판문점 회담정경을 나라 밖 저 멀리에서 이루어지고 있는 것같이 느끼어 왔다. 이번 기회는 군복음화 후원회에서 주관하는 전방시찰이다. 전방에서 고되게 나라를 지키는 국군 용사들에게 위문품을 전달하며 사기를 진작시키고 복음을 전하는 데 뜻이 있다고 하겠다. 특히 판문점 출입은 사전에 군 정보부의 승낙 없이는 가지 못하는 곳이지만 인솔자의 보증을 얻어 동행하게 되었다.

경부고속도로를 가로지른 들판을 마냥 봄기운이 포근하게 시야를 부드럽게 하는 느낌을 주었다. 지난주에 내렸던 단비는 봄 가뭄을 해갈하여 산천초목에 생기를 불어넣은 듯 평화롭기만 한 들녘이다. 어느덧 서울을 지나 시원하게 뚫린 통일로를 한참 달리니 파주군 문산읍 바장리에 위치한 임진각에 온 것이다. 1972년에 북한 실향민을 위하여 지은 건물이라 한다. 건물 앞에는 '망배단'이라 이름하여 제단이 만들어져 있다. 실향민들의 통일 의지를 깃들여 망향과 추모의 뜻을 기원하는 제단으로 북쪽에 고향을 둔 사람들이 한치라도 고향에 가까운 이곳에 모여서 조상을 생각하며 방배하는 곳이다.

임진강을 가로지르는 '자유의 다리'를 지났다. 이 다리는 나무로 가설하였다.

왜 그럴까? 유사시 폭파하기 쉽게 함일 것이다. 검문소 몇 군데를 지나 경내 휴식소에서 준비하여 온 식사를 맛있게 끝냈다. 이곳은 세금 없이 사는 완충지대란다.

비교적 후방보다 소득이 높고 잘살고 지내는 마을이라 한다. 여기서도 더 달려야 한다는 것이다. 몇 번이나 바리게이트를 통과하였다.

군데군데 전차 통과 저지 장애물이 쌓여 있어 휴전선이 가까워옴을 짐작케 하였다. 이윽고 판문점 안내소까지 온 것이다. 안내병의 인솔에 따라 건물 안으로 들어갔다. 한국전쟁 기념품을 판매하는 곳과 상황실이 있었다. 우리 일행은 교실에서 수업을 받는 것처럼 앉았다. 가지고 온 신분증을 내어놓게 하고 주어진 서류에 서명 기재하라 하였다. 신고한 인적사항과 실제 인물이 같은지 확인하는 절차인 것이다.

판문점에서 시행하고 있는 기능을 슬라이드로 설명을 하고나서 이렇게 말하였다. 내용인즉 이 시간 이후 어떠한 인명손실과 재산상 손실은 UN측이 책임을 질 수 없다라는 양해각서로 간주한다는 것이다.

견학이 시작되었다. 판문점 그 옛날의 이름은 무엇일까? 안내병에게 물었다. "예, 넓은 리였답니다."라는 대답이다. 판문이란 넓은 판자이니 넓은 리란 뜻에서 유래하였을 것이고 이곳이 개성과 서울을 오고가는 길목이니 주막이 있었을 것이다. 오가는 길손들에게 술을 팔고 나그네의 휴식처가 이곳에 있었을 것이다. 판자로 된 문을 열고 들어가면 주모가 음식과 술을 가져 나왔을 것이다. 6.25 휴전 회담이 진행될 때 이곳의 광경을 떠올려 본다. 흰눈이 바람에 흩날리며 천막 자락을 이리저리 흔들고 그 안으로 우리 측 회담 수뇌와 인민군 남일 중공군 팽덕희가 천막 안으로 들어가는 모습이 생생하게 떠오른다. 이러한 곳이 '넓은 리'가 한자로 '판문점'으로 이름하여 세계의 이목이 집중되는 명소가 될 줄이야! 판문점 사방에 경계초소가 몇 군데 보인다. 인솔자를 따라 초소에 올라 주위 사방에 펼쳐진 사물에 대한 설명을 귀담아 들었다.

북쪽 500미터 지점에 다리 하나가 놓여 있다. 이름하여 '돌아오지 않는 다리'란다. 포로 교환 때 이 다리를 한번

가든지 오든지 하면 영영 되돌아 올 수도 갈 수도 없다 하여 이름 지은 다리일 것이다! 거기서 100미터 떨어진 곳에 북측에서 만든 둥글넓적한 건물이 한 채 앉아 있다. 그들의 '승전기념관'이란다. 그들은 6.25 전쟁을 승리로 이끌었다 하여 '전쟁기념관'을 만들어 외국인 관광용으로 사용하는 집이란다. 북쪽으로 길게 이어진 도로는 10분 거리 자동차로 달리면 개성이라고 하며 송악산이 시야에 와 닿는다. 다리에서 판문점 경내 100미터인 쪽에 미루나무 원형 밑바닥에 시멘트로 다듬어져 있다. 그때 끔찍한 악몽을 잊지 않으려고 만들어 놓았다 한다. '미루나무'를 벨 때 북쪽 인민군이 달려와 미군을 도끼로 찍어 죽인 사건이다. 이때 하마터면 전쟁이 다시 일어날 뻔하였던 일이 기억된다. 푸에블로호가 원산 앞바다까지 진출하였고 금강산 해금강 쪽에 함포사격을 하여 전쟁 일보 전까지 간 적이 있었다. 이런 저런 생각이 스쳐가는 동안 '휴전회담장'을 보기 위하여 막사 안으로 다가가 볼 수 있었다. 주위엔 큰 건물이 우뚝 서 있다. 남북으로 큰 집이 힘자랑이라도 하듯 서 있는데 북쪽에는 '판문각' 남쪽 '자유의 집'이 그것이다. 가운데 회담 막사가 가로 놓여 있다. 나지막한 세 개의 막사 가운데 중간 막사가 회담장인 것이다. 흡사 초등학교 아니 옛날 나무로 지은 교사 같은 건물이다. 회담장 중간을 가로지른 선이 경계선인 것이다. 이 선을 넘으면 '월북' 혹은 '귀순'이란 딱지가 붙는다. 판문점이란 세계 유일의 점포로써 문자 그대로 남북으로 두 개의 문이 판자로 되어 있어 마루방 같은 낮은 방이다. 남문사용자는 남문만 사용하고 북문사용자 는 북문만 사용할 것, 그리고 방 한가운데 가로줄이 쳐져 있고 그 줄 사이에 무쇠 테이블이 놓여 있으며 각 세 개씩 여섯 개의 테이블과 의자가 놓여 있다. 그 테이블 위에 스피커가 우굴우굴 놓여 있고 양쪽에 그들 나라의 기가 꽂혀 있다. 회담이 열리는 날이면 북쪽 사용자들 중 거두가 들어오면 북쪽 사람들이 일어서서 예를 표하면 양편의 자리가 잡히게 되는 것이다. 이렇게 되면 테이블 한가운데 가로지른 흰줄이 제법 경계선다운 육중함을 지니고 부각되는 것이다. 조금 지나면 한국말과 미국말, 중국말이 오고 간다. 이러한 입씨름이 48년을 넘도록 치고 박고 침묵하고 동족의 기름을 말리는 곳이다. 155마일 철책선으로 남북의 숨통이 막혀 있지만 이 조그마한 집 하나를 사이에 두고 입이 열려 있는 곳이다.

판문점의 특수한 성격을 밝히자면 6.25라는 동족상잔을 설명해야 하고 그것은 끝이 없어 접어두기로 하지만 반세기가 가까운 세월에 인류역사의 기념비적인 웃음거리로 이어지는 곳이 바로 여기가 아니던가.

판문점 주위엔 부속건물이 있다. 더러는 중립국 감독을 위한 건물일 것이고 양측이 필요한 숙소인 듯 군데군데 자리 잡고 있다. 외국사람까지 끌어들여 민족의 에너지를 쓸데없이 좀 먹는 이곳을 우리에게 비치는 초점은 무엇일까? 남북이 하나되어 힘을 합치면 세계 어느 국가보다 부럽지 않은 겨레이거늘 쓸데없이 시간 낭비로 민족의 핏줄을 동여맨 이 판문점은 통탄의 상징이다. 훗날 우리의 자손들이 이곳에 와서 그때 그 시절에 그 짓을 하고 있었다는 것을 상상해 보라. 물론 외세의 입김이 서려 있었음은 말할 것도 없지만, 너무나 슬퍼서 혼자서만 볼 수 없는 곳이다. 대성동 자유의 마을에 100미터 높이의 태극기 게양대를 세웠더니 북쪽 기성동에는 150미터 되는 인공기게양대를 세우고 기폭마저 태극기보다 배나 되는 것을 만들어 달아 놓고 있다. 이것이 선의의 경쟁일까? 힘자랑일 게다.

인민들이야 어디 굶든지 말든지…… 판문점을 뒤로 하면서 돌아오는 길이다. 내가 이 근처에서 군생활을 하면서 저쪽 산자락에 뻗어 있는 길이 60년대로 되돌려 놓곤 한다. 휴가를 가고 올 때 제대 날짜를 손꼽아 보던 옛날이 머리를 스쳐 가기만…….

휴전선 기행

지난 5월 9일 대구에서 7시에 출발한 우리 종교계 지도자 일행은 오후 1시에 2621부대 사단 본부에 도착하였다. 사단장으로부터 환영 인사가 있었다. 사단 기밀실에서 사단의 역사와 최근의 적 동향에 관하여 브리핑을 들었다.

사단 역사 기념관에 들렀다. 창설 이후 쌓아온 사단의 역사를 짐작할 수 있었다. 이 사단을 거쳐간 많은 지도급 인사 가운데 박정희 대통령을 비롯하여 장관 5명(2대 유재흥 국방, 4대 신상철 체신, 8대 임중식 국방, 15대 노재현 국방, 21대 차규헌 교통)과 대장 9명 등이며 지금까지 대통령 부대 표창 12회, 국방부 장관 표창 11회, 참모장 부대 표창 28회 등 수없이 많은 공적을 쌓은 것을 볼 수 있었다. 그리고 이 사단은 제 1야전군에서 가장 중요한 한 축을 담당하고 있으며 휴전선 155마일 가운데 가장 험악한 지역을 맡아 지키고 있다는 것도 알 수 있었다. 나는 이번에 세 번째 전방부대를 탐방한 셈이다. 산악으로 이루어져 있는 곳에 부대 장병들의 생활을 함께 체험할 수 있어 '뜻 있는 탐방이다'는 생각이 들었다.

90% 이상이 산악으로 둘러싸여 있다. 휴전 당시 이 산악을 장악하기 위해 수많은 젊은이가 목숨을 바쳤다. 서쪽 개성 지방을 내어 주는 대신 화천 발전소를 우리 손에 넣기 위해 말로 다 할 수 없는 희생으로 이 지역을 장악한 것을 눈으로 보고 느끼었다. 동행한 김재순 군목이 DMZ로 안내하는 동안 여러 가지 질문을 할 수 있었다.

사단 역사관에서 「비목」 시가 액자에 걸려 있어 "그 시가 이 사단과 어떤 인연이 있는가?" 물었다. 그 시를 지은 사람은 "휴전된 몇 년 후 이 곳 DMZ에서 근무하면서 지은 시"라고 하였다. "바로 오늘 장로님이 그 곳에 가 볼 수 있게 되는 축복 받을 장로님"이라고 추켜세워 주었다. "그 시로 인하여 평화의 댐에 '비목공원'이 만들어졌다."고 귀띔도 하였다.

이런 저런 대화를 나누는 동안 짚차는 북으로 북으로 달리고 있었다. 겨울이면 눈만 치우는 부대가 있었다. 여름이면 제일 편안한 부대일 것이다.

DMZ 바로 O.P까지 올라갔다. 눈앞에 철조망이 말없이 동서로 이어져 있다. 멀리 북녘땅에도 북방 한계선이 그어져 있다. 그쪽 초소가 망원경 속에 똑똑히 보인다. '미군철수'라는 선전 구호가 보인다. "지금은 이쪽에 대하여 비난을 덜 한다."고 하며 미국을 겨냥한 방송이 고작이란다.

휴전선 이 쪽 남방 한계선 초소에 200년쯤 됨직한 큰 소나무 3그루가 서 있다. 눈 가는 산야에는 이와 같은 소나무가 거의 없고 잡목만 우거져 있다. 이상한 예감이 지나갔다. 한국전쟁 당시 울창한 소나무들이 전쟁의 참화를 입어 잿더미가 되고 붉은 흙만 남아 있다가 지금은 잡목만 우거진 것이 아닌가!

이 지역은 눈이 가는 곳 어디서든지 사람이 살 수 없는 지역으로 보인다. 그러나 지금은 남북이 휴전선을 그어 놓고 50년이나 서로 버티고 있지 않은가. 동행한 군목이 손짓으로 가리키는 쪽으로 시선을 옮겨 열심히 보았다. 멀리 대성산이 보인다. 한국 전쟁 이전에는 북한 전략요새였으나 한국전쟁 종전 직전에 수복되었다는 것이다. 김일성은 이 산을 빼앗기고 3일을 울었다는 이야기가 있을 만큼 전략적 요새가 되는 산이란다.

그 앞으로는 북한의 오성산과 피의 능선이 보이고 옆으로는 적근산(1,174m)이 한 눈에 들어온다. 화학산(1,468m)도 보이고 내가 15사단에 근무할 때 말고개를 넘나들었던 지형이 한 눈에 들어온다. 이곳에 서 있는 순간을 생각해 본다. 돈을 아무리 많이 주어도 이 곳까지 관광 오기 어려운 곳인데 말로만 듣던 적근산 앞까지 올 수 있었기에 감개무량하였다.

사병들과 저녁 식사를 하면서 근무하는 데 어떤 애로사항이 있는가 물어 보기도 하고 격려도 하였고, 경계근무 교대에 들어가는 소대원들에게 기도를 드릴 수 있는 시간도 가졌다.

"어서 속히 이 민족에게 눈앞에 보이는 철조망이 걷히고 남북이 서로 오고 갈 수 있는 통일 줍시사." 하는 간절한 기도를 하고 소대원들의 건투를 빌었다.

어느덧 밤, 땅거미가 깔리어 오고 있었다. 연대막사를 향해 내려왔다. 몇 번이고 차를 멈추고 민간인 통과절차를 거치고야 연대막사까지 왔다.

장병들이 나의 강연을 들어보려고 정돈되어 있었다. 오늘따라 연대 체육대회가 있었기에 많이 지쳐있다고 귀띔해 주었다. 1시간 강연을 반으로 줄이기로 마음먹고 시작하였다.

"여러분의 군대생활은 인생의 한 부분이며 결코 헛된 시간 낭비가 아니다. 특히, 여러분이 근무하는 이곳은 근무하기에 가장 힘든 곳이라는 것을 DMZ를 둘러보고 알 수 있었다. 여러 장병들이야말로 이 순간만큼은 진실한 애국자라는 것을 말씀드릴 수 있다."고 하였다. "후방에 있는 여러분의 부모형제들은 바로 여러분이 국가의 간성으로 주야 휴전선을 지키고 있다는 것도 잊지 않고 있다."는 것도 힘주어 말하였다.

사단 사령부를 방문하는 동안 "사단의 구호가 '단결, 실천'이었다는 것으로 기억합니다. 여러 장병들은 단결로 뭉쳐 골육지정으로 상하가 일심동체가 되고 형식적 계획보다는 실천, 말보다는 행동으로 보여주며 자신의 분수를 알고 분수에 맞게 칠성 부대의 일원이 되어 누구든지 낙오 없이 잘 복무하기 바랍니다."라는 요지의 말을 하였을 때 우레와 같은 박수를 받고 일일이 악수를 나누고 숙소로 돌아왔다.

다음날 아침 우리 일행은 사단식당에서 아침예배를 드리고 사단장과 대화의 시간도 가졌고, 맛있게 아침식사 후, 사단장이 주는 기념메달을 받고 우리 일행도 30개의 선풍기를 기증하였다.

평화의 댐으로 가는 길에 화천 발전소와 파로호 전적 기념관에 들러 관람하였다. 파로호 자유 수호 기념탑에는 이렇게 쓰여 있었다.

"한국전쟁 당시 적이 후퇴하면서 양민 262명을 이 산 밑에서 무참히 처형하였기에 그들의 넋을 위로 추모하기 위해 추모기념비를 세웠다."고 적혀 있었다.

구절양장같이 구비마다 아슬아슬한 길을 버스는 한참이나 달렸다. 이윽고 평화의 댐이 눈앞에 나타났다.

최근에 미국의 인공위성이 금강산댐 둑에 물이 새는 것을 감지하였다는 근거에 의거, 둑이 터져 서울이 물바다가 되는 것을 미연에 방지하기 위한 작업이 한창이었다. 댐 언저리에 가니 과연 '비목공원'이 자리하고 있었다. 어제 비목에 관하여 약간 들었기에 '비목공원'을 더 자세히 알고 싶었다.

휴전이 되고 몇 년 후 적근산과 백암산 사이 DMZ에서 '한명희 소대장'이 초소근무를 하고 있었다. 초소 맞은편 언덕 무덤 앞에 임시방편으로 비석 대신에 나무를 잘라 꽂아 세우고 군번줄을 걸고 그 위에 철모를 씌워 놓은 여러 기의 무덤을 보고 한 없이 울었단다. 그는 그 순간의 감정을 시로 남겼으니 이 시가 바로 그 유명한 비목이다. 이 시를 쓴 한명희는 지금은 서울시립대에서 은퇴하여 명예교수로 있으며 작곡한 장일남 교수는 작고하였단다.

휴전 이후 오랫동안 이 「비목」은 많은 사람의 입으로

애창되었기에 DMZ 비목현장을 기념하여 비목공원을 만들었을 것이다. 말이 공원이지 40평 남짓 45도 각도로 비스듬히 10여 개의 비목에 철모가 걸려 있어 관광 오는 사람들에게 기념촬영의 몫을 하고 있음을 보았다. 녹슨 철모를 받치고 있는 비목은 평화의 댐과 함께 오늘도 이 나라를 지키고 있는 보루가 아닌가.

초연이 쓸고 간 깊은 계곡 깊은 계곡 양지녘에
비바람 긴 세월로 이름 모를 이름 모를 비목이여
먼 고향 초동친구 두고 온 하늘가
그리워 마디마디 이끼 되어 맺혔네

궁노루 산울림 달빛 타고 달빛 타고 흐르는 밤
홀로 선 적막감에 울어 지친 울어 지친 비목이여
그 옛날 천진스런 추억은 애달파
서러움 알알이 돌이 되어 쌓였네

이승만 박사의 간추린 이야기

몇 년 전 LA에서 기드온 국제대회가 개최되었을 때 그곳에 살고 있는 지상섭 목사로부터 들은 이야기이다. 그는 1950년도에는 KBS 기자로 있었다고 한다. 그때의 한국전쟁과 이승만 박사의 이야기를 들은 대로 적어 본다. 지 목사는 청년 시절 한국전쟁을 눈으로 보고 대한민국의 초기 역사를 잘 알고 있는 분이다. 그는 이민 가서 현재 미국에 살고 있다.

1950년 6월 25일 산새도 잠에서 깨어나기 전 새벽, 북한

공산군의 남침 전쟁은 4단계 작전으로 전개되었다. 제1단계가 7월 3일 서울과 수원을 점령하여 마지막 4단계는 8월 13일 부산을 점령하고 이틀 후인 8월 15일 서울에서 김일성이 참석한 가운데 대대적인 전승 기념식을 거행한다는 것이었다.

이 내용은 당시 북한 공산군의 공격 명령, 일명 정찰 명령 제1호 문서에 기록되어 있으며 이 문서는 현재도 미국이 보관하고 있다는 것이다.(故 강문봉 장군 증언).

한편 당시 우리 국군은 탱크를 앞세운 공산군의 막강한 화력 앞에 속수무책으로 낙동강 전선까지 밀려왔다. 최후의 전선인 낙동강 교두보가 무너지면 그들이 계획한 4단계 작전인 부산 함락은 초읽기에 들어가게 된다. 이때가 바로 대한민국 운명이 백척간두에 처했을 때다. 이 위기에 가장 노심초사한 사람은 역시 이승만 대통령이었을 것이다. 이승만 박사가 나라를 위해서 얼마나 많은 기도를 했을지는 아무도 모른다.

1948년 5월 31일 역사적인 제헌 국회 본회의록에는 이런 내용이 기록되어 있다. 당시 이승만 박사의 말을 그대로 옮긴다. “대한민국 제1차 회의를 여기서 열게 된 것은 우리가 하나님께 감사해야 할 것입니다. 종교, 사상 무엇을 가지고 있든지 누구나 오늘을 당해 가지고 사람의 힘만으로 된 것이 아니요, 우리가 자랑할 수 없습니다. 그러므로 하나님께 감사를 드리지 않을 수 없습니다. 먼저 우리가 다 일어서서 하나님께 감사를 드릴 터인데 이윤영 의원(목사), 나오셔서 간단한 말씀으로 하나님께 기도를 올려 주시기를 바랍니다.” “일동 기립” 국회의원 전원이 다 일어나게 한 다음 이원영 목사의 기도가 시작되었는데 그 기도 내용이 구구절절 나라의 번영을 간구하는 기도였다. 그러나 기도가 끝나자 사건이 터졌다. 즉 스님 출신 국회의원이 주동이 되어 역사적인 제헌 국회 개회에서 모든 국회의원을 강제로 일어서게 하고 중립을 지켜야 할 의장이 기도를 강요한 것은 얼토당토않은 일로써 이는 마땅히 이승만 의장을 탄핵해야 한다고 강력하게 들고 일어났다. 그 당시만 하여도 국회의원 중에 기독교인이 가뭄에 콩 나듯이 몇 명이나 있었는지 알 수 없다.

또 하나의 사례를 소개하면, 지상섭 KBS 기자가 8.15 특집 방송을 준비하던 중 방송 자료실에서 알게 된 내용이라며 이렇게 말씀하였다.

1952년 8월 15일 제2대 대통령 취임 실황 녹음테이프에서 찾아낸 귀중한 자료에서 알았다며 당시 국회의장 신익희 씨의 사회 육성을 그대로 옮기면 다음과 같다.

"지금부터 헌법 제54조 규정에 의해서 대통령의 선서를 하기 위한 국회를 개회합니다. 우리 삼천만이 존경하고 신임하는 이승만 박사가 이번에 대통령에 재선되었습니다. 헌법 규정에 의하여 선서를 행하게 되었습니다."

박수를 받으며 선서대 앞으로 나온 이승만 박사는 갑자기 단상에서 사람을 찾았다. "배은희 목사님 잠깐 나와 주시면 감사하겠습니다." 대통령 선서를 할 순간에 이 박사가 목사님을 찾으니 장내가 웅성거리기 시작했으며 그 웅성거리는 소리가 약 10초간 진행되었다. 장내가 다소 진정되자 이 박사의 음성이 나왔다. "이 얘기는 순서에 없는 것인데 내가 특별히 요청해서 잠깐 하나님께 기도 말씀, 우리 모두 하나님 모르는 사람은 없을 것입네다. 이 자리에 하나님을 섬기든지 아니 섬기든지 간에 잠간 기도해

주세요." 그러자 다시 웅성거리는 소리가 잠깐 나다가 배은희 목사의 음성이 다시 나왔다. 배 목사의 귀에 대고 귓속말로 했는데 이 소리가 모깃소리같이 아주 약하게 녹음되어 있었다고 하였다. 그 귓속말이 "간단하게 두어 마디만 해."라는 말이었다.

이미 4년 전 제헌 국회 개원식 때 탄핵으로 몰릴 뻔했던 사건을 염두에 두고 오늘 기도는 그야말로 간단하게 두어 마디만 하라고 미리 지침을 내렸던 것이다.

한편 이 날 배 목사의 기도는 정확하게 50초가 걸렸다. 배 목사의 기도를 그대로 옮겨 본다. "오천 년의 역사를 가진 이 민족을 구원하신 하나님, 이 날은 우리 민족의 광복의 역사적인 날입니다. 제2대 대통령으로 당선된 이승만 박사로 하여금 하나님과 주권을 가진 국민 앞에 선서식을 거행하게 하심을 감사드립니다. 원컨대 이 대통령에게 지혜와 총명을 주시고 민주 우방과 더불어 남북통일의 성업을 하루 속히 완수하게 하옵시며 상·하원으로 더불어 이 나라의 민주주의 백년대계를 완수케 하여 주시기를 예수님 이름으로 기도하옵나이다. 아멘." 기도가 끝나자 다시 웅성거리는 소리가 약간 들렸다. 2002년 국회의원 가운데 기독교인이 113명이나 되며 이는 전체 의원 중 42%를 차지하고 있는 데 비하면 그때의 이승만 박사의 용기는 역사에 길이 남을 일이라 하겠다.

당시 이승만 대통령은 외로운 기독교인으로서 고군분투하였을 것이다. 이승만 박사는 국가의 흥망성쇠는 오직 하나님께서 주관하신다는 사실을 굳게 믿었기 때문이다. 특히 이승만 박사는 이미 1899년 22세의 나이로 한성감옥에서 손목에는 수갑, 다리에는 족쇄 그리고 목에는 10kg의 무거운 칼을 쓰고 조만간 처형될지도 모른다는 죽음의 공포 속에서 그토록 배척했던 기독교를 받아들이는 혁명적인 사건이 일어났던 것이다. 영문으로 된 투옥경위서에는 이런 고백이 있다는 것이다.

어느 날 무심결에 "처음으로 하나님을 불러보고 자신과 나라를 위해 기도를 했는데 금방 감방이 빛으로 가득 채워지는 것 같았고 나의 마음에는 기쁨이 넘치는 평안이 깃들면서 나 자신은 완전히 변한 사람이 되었다"는 것이다(참고 문헌 : 『젊은 날의 이승만』). 바로 그날 그 순간 이승만은 하나님은 분명 존재하며 특히 자신의 기도를 즉각 들어주셨다는 사실을 확인했다는 것이다. 즉 그 순간 성령 체험을 한 것이다.

그 날 이후 그는 어려운 일을 당할 때마다 항상 하나님께 의지했다.

다시 6.25전쟁 이야기로 들어가 본다.

임시 수도를 부산으로 옮긴 이승만 대통령은 그 당시 영남 지역 목사들을 부산 초량교회로 불러 모았다. 목사들에게 구국 기도를 요청하였다. 그 날의 구국 기도회의 주된 내용은 미국 공군 B29 폭격기가 낙동강 전투에 작전을 할 수 있게끔 우리나라에 계속되는 장마와 악천후의 날씨를 쾌청하게 해달라는 기도였다. 당시 낙동강의 왜관 전투와 다부동 전투의 승패에 따라 국가의 운명이 풍전등화에 놓인 것처럼 위급하였을 때다. 목사들의 뜨거운 구국 기도회가 끝나자 한국의 상공은 구름 한 점 없는 쾌청한 날씨로 변하고 있었다. 이 때를 기다린 B29 폭격기 99대가 오키나와 기지를 이륙, 8월 16일 오전 11시 58분부터 12시 24분까지 불과 26분 동안 공산군 기지에 융단 폭격을 감행함으로써 공산군의 낙동강 도강을 차단시켰다. 만일 당시 B29 폭격기의 출격이 하루나 이틀만 늦었어도 낙동강 교두보는 무너졌으며 이 나라는 영영 공산국가로 변했을 것이라고 전쟁평론가들은 말하였다. 그만큼 당시 이승만 대통령의 구국 기도회는 낙동강 전투에서 잊을 수 없는, 즉 풍전등화에 놓인 국가를 구해 낸 위대한 기도의 모임이었다. 오늘날에도 나라에 어려움이 생기면 전 기독교인들이 구름 떼같이 모여 뜨거운 열정으로 통성 기도회를 갖는 것도 그 시작은 이승만 대통령의 구국 기도가 효시가 아닌가 하는 사람도 많이 있는 것이다.

한 나라의 원수가 공식 행사에서 각자 종교가 다른 반대편 사람들의 항의와 비웃음을 들어가면서도 일편단심 나라를 위해 하나님께 기도를 올리는 순서를 강행하는 이유는 바로 하나님은 틀림없이 존재한다는 것을 천 번 만 번 확신했기 때문이다. 1960년 이승만 대통령은 데모하는 대학생들이 더 이상 피를 흘리는 것은 아니 된다고 하면서 즉시 하야했으며 그가 평소 출석했던 정동교회에 출석 예배하였고, 혼란에 처한 국가를 위해 하나님께 간절히 기도하는 그 모습은 이 나라 국민, 특히 기독교인들에게 큰 귀감이 되었던 것이다.

당시 낙동강 전투(왜관)에서 북한군 24,000명이 전사했고 포로 1,964명이었다. 국군도 전사와 부상자가 1만여 명에 이르렀다.

최근에 왜관 철교는 당시 참상을 기억하려고 새로 단장을 하고 관광코스로 발돋움하고 있다.

6.25 한국전쟁을 다시 생각한다

나는 요즘 빌리 그래함 목사 자서전과, 丁一權 장군의 회고록을 읽으면서 한국전쟁을 다시 생각한다. 해방 전에는 북한의 기독인이 남한의 기독인보다 많았다. 북쪽에 공산 정권이 들어서자 많은 교인들이 남한으로 내려왔으나 남아 있는 교인도 수십만이 되었다.

빌리 그래함 목사는 그의 자서전인 'Just As I Am'을 통해 한국의 전쟁 소식을 듣자 트루먼 대통령에게 김일성의 위협에 파병을 단호히 대처할 것을 촉구하는 전보를 보냈다고 적고 있다. 물론 빌리 그래함 목사의 전보가 트루먼의 파병을 결정했던 모든 이유였다고 말할 수 없다. 그러나 그의 메시지가 독실한 기독교인이었던 트루먼 대통령의 마음에 반향을 일으켰던 것만은 분명한 사실이다. 그래함 목사는 미국뿐만이 아니라 세계적인 부흥목사이다. 우리나라에도 두 번 왔었다. 1949년 5월 대구 신명학교 운동장에서 부흥회 인도를 하였을 때 나도 참석한 바 있다. 영어로 설교를 하는데도 왜 그렇게 눈물이 났는지 알 수 없었다. 1974년도에 여의도 광장에서 부흥회 인도를 하였다. 무려 100만 명이 운집하였다.

북한의 김일성은 1946년부터 소위 '민주기지론(남한 혁명을 위해 북한을 그 기지로 삼아야 한다는 무력 적화 통일론)'을 주장하여 북한을 공산 체제로 만들고 소련의 계획과 지원하에 북한의 모든 역량을 전쟁 준비에 동원했다. 한편 소련군은 1948년 12월 2일 철군을 완료하면서 소련 군대에서 복무한 북한 사람들을 인민군에 배속시켰으며 중국 국공합작 때 전투 경험이 풍부한 한국인 출신 팔로군 2만 명 (4개 사단 병력)을 만주 땅에서 불러들여 인민군에 편입시켰다.

1945년과 1950년 초 소련을 방문한 김일성은 스탈린에게 남침 계획을 설명하고 전차 및 야포 등의 지원을 받아냈다. 따라서 6.25 전쟁은 우연한 사건을 계기로 발발한 것이 아니라 북한의 치밀한 사전 준비에 의한 계획된 전쟁이었다. 이에 비해 남한의 군사력은 열세에 있었다. 1949년 주한 미군이 철수한 이후 국군은 제2차 세계대전 당시 미군이 사용하던 노후된 경장비 위주로 무장되어 있었고 전차나 대전차 화기가 전무한 상태였고 때문에 체계적인 전술 훈련도 실시하지 못한 형편이었다.

북한과의 힘의 균형에서 열세라고 판단한 이승만 대통령은 '한미상호 방위조약협정'을 체결하고 전차, 항공기 등의 무기 지원을 미국에 강력히 요청하였다. 그러나 한반도에서는 전쟁이 일어날 가능성이 적으며 일본과 필리핀에 주둔한 미군의 해·공군력으로 북한의 침략을 억지할 수 있다는 미국의 판단으로 인해 거절당했다.

1949년 6월 30일 주한 미군의 마지막 부대가 한국 땅에서 철수한 지 불과 1년 만에 미국은 한국에 대규모 군대를 보내지 않으면 안 되었다. 한국에 UN군을 파견하려면 5대 상임이사국의 전원 동의가 필요한 때라 UN안보리 소집을 하려 통고하였다. 이때 소련 대표는 난데없이 설사가 심하여 참석을 못 하였다. 만일 그때 설사가 없었다면 파병은 곤란했을 것이다. 소련 대표 없이 파병 결의안이 통과되었다.

이에 따른 미국의 한국전쟁에 대한 조치는 신속하고 치밀했다. UN 안보리의 소집과 북한을 침략자로 규정한 결의안 채택 등 일련의 조치는 미국이 건국 이래 약 200여 개의 전투 분쟁에 개입했지만 한국전처럼 신속하면서도 적극적이며 단호한 조치를 내린 적은 없었다고 한다.

훗날 사람들은 트루먼 대통령에게 파병을 전격 단행한 이유를 물었는데 그저 손가락으로 하늘을 가리킬 뿐 별다른 답변을 하지 않았다고 한다. 그러나 역사는 6.25 발발 직후 빌리 그래함 목사가 트루먼 대통령에게 보낸 전보를 통해 한국의 기독교인을 구하기 위한 결단을 촉구했음을 전하고 있다. 그리하여 그의 메시지가 독실한 기독교인이었던 트루먼 대통령의 마음에 반향을 일으켰던 것만은 분명한 사실일 것이다.

미국의 이러한 조치와 당시 극동사령관이었던 맥아더의 한강 전선 시찰과 미 전방 지휘소 설치로 가시화되었다. 맥아더 장군은 한강을 시찰하기 위해 전용기 '바탄호'를 타고 6월 29일에 수원비행장에 내렸다. 내리는 순간 북한군의 포탄이 200m 밖에 떨어졌다고 한다. 그러나 수원비행장에 내리는 것을 주저하지 않았다고 한다.

6월 30일 금요일 한국 전선을 시찰하고 돌아온 맥아더는 한국군의 후퇴는 패주이기 때문에 즉각 미 1개 연대와 가능하면 2개 사단으로 증강할 수 있는 권한을 달라고 요구하였다.

처음 전투에서 미군은 북한군을 과소평가하였다. 여기에 맥아더 장군을 감동시킨 '국군 병사와의 대담'을 정일권 회고록에서 발췌하여 본다.

맥아더 장군이 한강 방어선을 시찰하기 위해 수원비행장에 내린 6월 29일. 수행원을 대동하고 고지에 올라선 맥아더 장군은 한강 너머로 바라다보이는 남산과 그 주변 일대를 한참 동안 망원경으로 보고 나서 무슨 생각이 들었는지 근처의 참호로 걸어갔다.

그곳 개인호 안에는 한 병사가 꼿꼿한 자세로 서 있었다. 이때 맥아더 장군의 질문과 이에 대한 병사의 자신감과 사명감에 넘친 답변은 맥아더 장군에게 깊은 감동을 안겨 주었고 그로 인하여 미국 지원군을 한국전쟁 중에 신속히 투입할 결심을 하였다는 일화가 있다.

- 맥아더 장군 : 자네 언제까지 그 호 속에 있을 것인가?
- 국군 병사 : 옛! 각하께서도 군인이시고 저 또한 군인입니다. 군인이란 명령을 따를 뿐입니다. 저의 직속상관으로부터 철수하라는 명령이 있을 때까지 여기 있을 것입니다.
- 맥아더 장군 : 그 명령이 없을 때엔 어떻게 할 것인가?
- 국군 병사 : 옛! 죽는 순간까지 여기를 지킬 것입니다.
- 맥아더 장군 : 오! 참으로 장하다! 자네 말고 다른 병사도 다 같은 생각인가?
- 국군 병사 : 옛! 그렇습니다. 각하!
- 맥아더 장군 : 참으로 훌륭하구나! 여기 와서 자네 같은 군인을 만날 줄은 몰랐네. 지금 소원이 무엇인가?
- 국군 병사 : 옛! 우리는 맨주먹으로 싸우고 있습니다. 놈들의 전차와 대포를 까부술 수 있게 무기와 탄약을 주십시오.

• 맥아더 장군 : 음! 그리고 또 없나?

• 국군 병사 : 옛! 없습니다.

• 맥아더 장군 : 알았네. 여기까지 와 본 보람이 있었군.

이때 맥아더 장군은 병사의 손을 꼭 쥐고 나서 통역을 맡고 있던 김종갑 대령에게 이렇게 말했다. "대령, 이 씩씩하고 훌륭한 병사에게 전해 주시오. '내가 도쿄로 돌아가는 즉시 미군 지원군을 보낼 것이라고, 그때까지 용기를 잃지 말고 훌륭히 싸우라'라고."

시인의 꿈을 가진 아이와 길선주 목사의 기도

아침 햇살 비칠 때 찬란하듯이
주님 얼굴 대할 때 마음 즐겁다
우리 주님 내 맘에 빛나는 태양
문 앞에서 머무시는 주님 영접해
한평생을 주와 함께 살아가리라

– 찬송 443장, 황금찬 작사 중에서

1925년 황금찬 그분이 8살 때 함경북도 성진에 있는 제일교회에 길선주 목사가 부흥회를 위해 들렀다. 그때는 돈이 있는 집에서 목사의 저녁을 대접했는데 없는 형편에서도 길목사를 그의 아버지가 초청하였다. 당시 길선주(3.1운동의 33인 중 한 사람) 목사는 일제의 압제로 너무 맞아 한쪽 눈이 실명된 반소경 상태였다.

지팡이를 짚고 온 목사 앞에 가난한 집에서 밥상을 차려 나왔다. 반찬이라고는 달랑 세 가지 정도에 전부 소금 반찬이었다. 길 목사는 손으로 밥상을 더듬더니 기도를 하기 시작했다.

"아버지 당신을 섬기는 가정이 가난해서야 누가 당신을 섬기겠습니까?"

목사는 울기 시작했고 어린 그도 울었다.

"이 집안에 어린아이가 있다는데 시인이 되겠다고 합니다. 시인이 되게 해주십시오." 당시를 회상하며 그는 하나님께서 하시겠다면 안 될 일이 없다며 어려서부터 시인이 되자고 했던 꿈을 이룬 것이 황금찬 시인의 고백이다.

1940년 창씨개명(일본식성으로)에 이어 일본의 한국어 말살정책으로 1941년 모든 신문사와 잡지사가 문을 닫았다. 문학을 사랑하고 시인이 되려는 그에게 이 시기는 정말 암흑 같은 시기였다. 그러다 1943년 일본에서 아시아문학인대회가 열렸다. 당시 일본은 내선일체(일본과 조선이 하나 되는 것)라는 말을 하여 이광수, 유진오 등의 문인을 참여시켰다.

일본에서 동양철학을 공부하고 있던 황금찬은 이 소식을 듣고 이광수와 유진오를 만나러 동경 제일호텔로 무작정 찾아갔다. 우여곡절 끝에 만난 유진오 소설가는 자신을 왜 만나러 왔느냐고 물었다. "선생님, 우리나라는 말을 못 쓰는데 그래도 문학을 하겠습니까?" 순간 유진오 선생은 얼굴이 빨개져 왔다. 말 한마디 한마디가 위험한 때였다.

"학생 그것을 왜 묻습니까?"

"저도 문학을 하는데 우리나라 말을 못 쓰니…… 앞으로 어떻게 할지 모르겠습니다. 말은 생명입니다. 자기 나라 말을 못하면…… 문학을 못하지."

그러자 옆에 있던 박영기 선생이 울먹이며 "우리 문학이 있나? 우리말도 없어요."라고 말하자 온통 울음바다가 되었다. 일제식민지의 서러운 때 그들은 애국의 소중함과 문학에 대한 열정, 하나님에 대한 간절함을 갖는 문학청년으로 단련시키셨다.

1945년 8월 15일 일본에서 조선이 해방되자 그는 생각한다. "야! 우리가 이겼다. 하나님 감사합니다. 이제 시를 쓸 수 있게 되어 감사합니다."(황금찬 시인의 설교 중에서 초록)

황금찬 시인은 2013년 올해 96세이시다. 백세를 눈앞에 두고 오늘도 시를 쓰고 있다. 길선주 목사의 간절한 기도가 100여 년의 황금찬 시인을 이 땅에 세워두었다. 그는 기독교 언론지는 물론 일반, 사회, 신문, 잡지에 헤아릴 수 없을 만큼 많은, 수백 편의 작품을 남겼다.

"노인의 죽음은 불이 나서 없어지는 도서관"이란 말이 있다. 노인은 연륜만큼 많은 지식과 경험을 가진 도서관인데도 현대 사람들은 경시한다고 하여 불타는 도서관이란 비유로 말하고 있다. 귀하고 귀한 도서관 황금찬 시인은 일제의 아픔을 잊지 말라고 한다. 그는 우리의 말과 글을 쓸 수 없었던 역사의 고통 속에서 하나님과 동행하였던 삶이 희망과 더불어 가시덤불과 같은 질곡을 살아오면서 대한민국의 현대사를 말끔히 간직한 도서관적 생애가 숭고하기만 하다.

통일은 대박이라고?

1945년 8월 17일 평양에서 가까운 용강광산 굴에 평양 형무소에서 형을 받고 있는 신사참배 거부 성도들 17명을 처형키로 일본당국은 계획을 세워 두었다. 8월 15일 일본은 전쟁에서 항복하였다. 만일 이틀 더 늦었다면 이들 17명은 처형되었을 것이다. 이것이 기적이다. 하나님은 때에 따라 기적을 보여주곤 하신다. 주남선 목사(거창읍 교회 목사) 등 출옥 성도는 해방과 더불어 새로운 인생을 맞이하여 많은 일을 하셨다.

하나님은 이 나라에 해방의 선물을 주었으나 남북이 분단되어 북쪽은 신앙의 자유를 못 보게 되었다. 많은 성도들은 남쪽으로 내려왔으나 내려오지 못한 성도들은 그곳에서 순교하거나 정치범으로 낙인 찍혀 희생양이 되었다. 북한에는 현재 17개의 정치범 수용소가 있다. 그 중에 요덕수용소는 주로 믿는 사람들을 집단 수용하고 있다. 그 안에 들어가면 신앙을 부정하거나 믿는 자를 고발하여 수용소 신세를 지게 하는 곳이기도 하다. 북한에는 현재 지상교회는 평양에 본보기로 선전용 봉수교회와 칠골교회 두 곳밖에 없다. 지하교회이거나 가정교회를 지켜오다가 그나마 지금은 한 곳도 없다 하여도 과언이 아니다. — 탈북자의 증언 중에서

1970년 청진에서 있었던 지하교회의 최후의 장면을 설교에서 들은 바 있다. 길을 넓히기 위해 불도저로 땅을 파는 도중에 굴 속에서 27명의 교인이 있었던 이야기는 이렇다. 위험을 무릅쓰고 지하에서 예배를 드린다는 것이 많이 위험하겠지만 휴전이 되고 난 후에도 김○○ 목사님은 교회를 이끌어 왔다. 27명을 체포하여 심문하였다. 지금이라도 예수를 믿지 않겠다고 하면 석방하여 주겠다고 하였다. 이 가운데 20명은 끝까지 배신하지 않았다. 청진에 사는

시민 3,000여 명이 집결하였다. 예수를 믿으면 이렇게 된다고 하면서 공개처형에 들어갔다. 이십 명을 한 줄로 묶어 엎드리라고 하였다. 드디어 집형이 시작되었다. 그 가운데 한 여성도가 아들의 이름을 불렀다. "태석아(13살) 천국에서 만나자." 하니 "어머니, 나 예수 믿게 해 주어서 감사해요." 불도저는 일렬로 눕힌 성도들 위로 지나갔다. 두개골이 깨지는 소리가 탁탁… 이 사실은 1972년 로동신문에 기사화한 것이 전해진 일화이다.

두 달 전 TV에서 이런 이야기를 들었다. 요덕수용소에서 있었던 일이다. 한 처녀가 요덕수용소에 들어갔다. 처녀가 심문을 받았다. 심문하는 사람이 마침 일가친척이었다. 처녀는 이마를 땅에 대고 울면서 하소연하였다. "아저씨, 저 어디 어느 마을에서 온 로(?)○○올시다. 아저씨 저 아시지요? 저는 죄 지은 것이란 없습니다. 아버지 때문에 여기 왔습니다. 살려주신다면 은혜를 꼭 갚겠습니다." 하였다. 피는 물보다 진하다 하지 않았던가. 그 감독관 아저씨는 석방하여 줄 터이니 "공화국을 위해 열심을 다해 살아라." 하면서 풀어주었다. 그 처녀는 몇 년 후 두만강을 넘어 탈북하였다. 중국에서 전전하다가 한국으로 오게 되었다는 이야기를 TV에서 방영하는 것을 본 적이 있다.

오늘 아침 신문에 이런 기사가 있다. 1949년 국민당과 공산당이 싸워 장개석은 대만으로 퇴각하였다. 대만에서 중화민국을 간신히 지키고 있었다. 모택동은 대만을 제외하고 대륙을 통일하였다. 모택동은 중국을 완전 통일하지 못하고 죽은 셈이다. 지금 중국은 개혁 개방하여 경제는 자본주의 기틀로 나아가고 있다. 대만과는 무역을 서로 하면서 공존하고 있다. 금년은 중국 대륙이 통일된 지 65년이 되었다. 중화인민공화국과 중화민국이 서로 손을 잡고 완전 통일을 꿈꾸고 있다. 양쪽 당국자는 중국 남경에서 서로 대화의 장을 열기로 하였다는 신문보도를 읽었다. 서로 머리를 맞대고 승자도 패자도 없는 완전 통일의 길을 모색한다는 것이다.

같은 지면에 박대통령 직계라인과 김정은 직계라인이 판문점에서 서로 만나 남북 간 현안을 논의한다는 보도를 읽었다. 같은 말, 같은 글을 쓰는 남북간 민족인데 양단된 지 70년을 눈앞에 두고 있다. 어서 속히 남북이 하나 되는 날이 언제 오려는가. 박근혜 대통령은 금년 신년 벽두 담화에서 "통일은 대박"이라고 하였다. 흔히 대박은 생각하는 것보다 더 많은 것을 얻는다는 것에서 나온 말일 것이다. 지금까지 남북고위급 회담을 여러 번 하였다. 진전을 보지 못했다. 사람의 힘만으로 어렵다는 것을 경험하였다.

대박은 정치학적 대박, 경제적 대박을 뛰어넘어 종교의 대박을 헤아려 본다. 요덕수용소에 수용되어 있는 믿음의 자녀들이 해방되어 통일 대박의 빛을 볼 수 있도록 "하나님 이 민족을 버리지 마옵소서."

한 우물 파기 50년 옛 책 그 언저리

나는 어쩌다가 책과 더불어 인생을 살았다. 중학 1년부터 고학을 하였다. 책 도매상에서 잡지를 받아 여러 관공서 또는 회사직원에 외상으로 주고 월급 때 수금하여 대금을 갚는 일이었다.

중·고등을 야간을 다녔다. 경북대 법대에 들어갔을 때 서점을 운영하였다. 그때가 1954년이다. 식구를 먹여 살려야하고 동생을 공부시키고 이웃을 돕자니 돈을 벌지 않을 수 없었다.

신간 책 소매업 20여 년. 신간 소설, 사회과학 등을 주로 하는 도매업을 20여 년 하였고, 1990년 후반기부터 우후죽순처럼 출판사의 난립으로 도매업은 출판사 치다꺼리에 바빠 제대로 사업을 할 수 없어 다시 소매업으로 업종을 바꾸었다.

내가 남산동 남문시장 네거리에서 '월계서점'이란 간판을 달고 서점을 시작할 때는 주위에 서점이 없었다. 1960년부터는 주위에 헌 교과서를 주업으로 하는 고서점이 30여 군데 난립하였다. 지금은 국민은행이 있는 자리에 대도극장이 있었고 그 주위 담벼락에 다닥다닥 서점들이 줄을 이어 있었다.

나는 시청 앞에서 도매업을 정리하고 주거가 옛 남산동에 있어 주거지 따라 소매업을 다시 하였다. 주위 환경에 따라 고서를 취급하지 않을 수 없었다.

색 바랜 종이에서 풍기는 눅눅한 냄새, 먼지 뽀얗게 앉은 고서점에 들어설 때 고객이 느끼는 시각적, 후각적 자극은 어떨까? 과거로 시간 여행을 떠난다는 생각을 갖지 않을까. 고서 가운데는 지혜와 지식이 가득하다 할 것이다.

헌책은 문화재 같은 것이다. 집안 구석에 박혀 있다가 햇빛을 보게 되는 경우가 있다. 헌책은 버려야 할 것이 아니다. 아끼고 다듬고 보존해야 하는 보물일 때도 있다. 이리하여 헌책방의 명맥은 여전히 이어지고 있다. 책이 귀중한 때가 있었다. 불과 30-40년 전만 하여도 책을 읽고 싶어도 책이 없거나 돈이 없어서 그러지 못한 사람이 많았다.

누구의 손을 거쳤는지 알 수 없어도 손때 묻은 헌책은 이들의 지적 욕구를 한껏 풀어주었다 할 것이다.

신간 서점에서는 절판되고 어쩌다 헌책방에서 오랜 시집이나 자기에게 필요한 책을 발견하면 오래된 친구를 만난 것처럼 기쁨을 맛본다고 하겠다.

이규리 시인은 헌책방에서 나는 냄새에 대해 "얇은 종이와 종이 사이에서는 책 읽는 사람의 영혼이 스며드는 게 아닐까. 그리고 그 냄새는 고요한 영혼의 냄새가 아닐까?"라고 했다.

대구의 헌책방은 6.25전쟁 전후 대구시청 근처에서 노점상 형태로 시작했다. 서문시장 동산병원 앞에도 길이 확장되기 전 즐비하였고, 60년대에서 80년대에는 대구에 고

서점이 무려 100여 곳이 있었다.

지금은 손에 꼽힐 정도 10여 군데 남았다. 대구에 신간 토백이 서점은 서울에서 내려온 대형서점이 문을 닫게 만들었다.

서점이 옛날같이 안 되는 이유는 이렇다.

요즘 사람들은 책을 읽지 않는다. 인터넷, TV, 여행, 먹거리 때문에 책은 서자 취급을 받는다. 때문에 서점들이 하나 둘 줄어들 뿐이다. 일본 여행객이 우리나라에 와서 보고 느낀 소감은 한국 사람들은 책을 읽지 않는다는 것을 느꼈다는 것, 때문에 한국인은 일본을 따라올 수 없는 민족이란다. 이 얼마나 무서운 말인가.

책을 가까이하는 마음은 지혜로운 마음이다. 우리는 가까이하는 것의 영향을 받는다. 책을 가까이 하는 사람은 책의 영향을 받는다.

책을 가까이 하는 사람은 책의 가치를 아는 사람이다. 책과 일생을 보낸 나는 이렇게 생각한다. 친구요, 연인이요, 스승이라 생각한다.

또한 격려자요 안식처요 영감의 원천이요 지혜의 샘이

라 믿는다.

내가 흔들릴 때는 나를 잡아 주는 것, 내가 힘들 때 책을 잡았듯이 책이 나를 붙들어 주었다.

책 속에는 문자만 있는 것이 아니요 혼이 있으며 정신이 있다고 생각한다. 사상이 있고 인물이 있어 지금도 대화한다. 따라서 스승이다. 책을 대할 때는 인격처럼 대해야하며, 책을 무시하면 책도 나를 무시할 것 같고 소중히 여겨주면 나에게 좋은 것을 내어줄 것이라 믿는다. 사람의 미래는 아무도 예측할 수 없다. 책을 읽고 자연을 읽고 사람을 읽을 수 있는 사람은 꾸준한 잠재력을 가진 사람이 될 수 있다고 본다.

오프라 윈프리는 "내 인생에 책이 없었다면 오늘의 나는 결코 있을 수 없었을 것이다. 참담한 환경 속에서도 책을 항상 손에 들고 있었다."라고 말했다.

나는 책과 함께 일생을 보냈다. 책이 생업이 되다보니 깊게 공부는 못했지만 후회는 없다. 사업가로써 50년 이상 같은 업종으로 같은 간판을 달고 살기란 참으로 어렵다고 말한다. 대를 이어 같은 업을 이어가는 사람은 존경스럽지 않을까 싶다.

한 우물파기 50년 '월계서점' 상호가 나의 대로 이어 주었으면 하는 바람이다.

책 그 언저리에서 오늘도 하루해가 저문다.

<영호남수필 2008년>

뿌리공원 탐방기

"낙동강 천삼백 리 여기서부터 시작되다."

이 문구는 강원도 태백시 안에 물이 솟는 샘가에 우뚝 선 바위에 새겨져 있었다. 아무리 많은 강물이라도 처음에는 샘에서 솟는 물에서 시작된다는 뜻일 게다.

지리산 비로봉에는 천년된 고목이 우뚝 서 있었다. 아무리 오래되고 큰 나무라도 처음에는 작은 씨앗에서부터 움터져 자라 나뭇가지가 사방팔방으로 뻗으면서 눈비를 이겨내고 자랐을 것이다. 물이 솟아나는 샘이나 아름드리나무일지라도 처음에는 작게 출발하였다고 볼 수 있다.

우리 인간들도 처음에는 적은 숫자가 세월 따라 뻗어나고 흘러 흘러 지금 이곳까지 흘러왔을 것이다.

수, 무리가 많아짐에 따라 구별하기 위하여 그 한 방편으로 이름 지어 붙였을 것이요 성을 지어 붙여 살아왔을 것이다.

지난봄 어느 날 대전에 있는 '뿌리공원'을 탐방할 수 있는 시간을 가졌다. 개장 년월은 1997. 11. 1로 전국에서는 제일 처음으로 성씨 유래를 집대성하여 자기 조상에 대한 유래를 터득함으로써 인간 상호간의 파생을 연구하는데 도움을 주고 관광산업의 일환으로 수입을 얻는 데도 도움을 꾀하였을 것이다.

뿌리공원은 모든 사람에게 자신의 뿌리를 알게 하여 경로효친사상을 함양시키고 한 겨레의 자손임을 일깨우기 위해 세계 최초로 성씨를 상징하는 조형물을 세워 두었다고 하였다.

우리나라의 국조는 기원 전 2,333년에 고조선을 세운 단군왕검으로 한다고 본다. 우리가 사용하는 성은 삼국시대

왕족과 일부 귀족중심으로 사용된 것으로 역사는 전하고 있다. 이에 고려 초기 때부터 귀족은 물론 평민도 성과 본관을 썼다는 것을 미루어 알 수 있다.

그러나 우리가 사용하고 있는 성은 고조선 이전에는 성이 없었을까? 있다. 필자의 성 족보에는 고조선 이전에도 면면이 이어온 계통을 기록으로 남아 있다. 올해가 단군 3,348년이라면 그 이전 아득한 옛날에도 나의 몸에 흐르는 피가 흘러 왔다는 것을 알 수 있다. 다른 성도 마찬가지로 처음엔 한몸이었던 것에서부터 갈리고 갈라져서 지금 여기 서 있다고 볼 수 있다. 그리하여 따지고보면 한 할아버지로부터 나왔을 것이다.

필자의 車가 성을 갖게 된 이전으로 더듬어 올라가 보고자 한다.

車가로부터 柳가 －車가 －王가 －姒가 －姬가로 올라간다.

세월 따라 성도 바뀌면서 살아왔다는 것을 알 수 있다. 우리나라에서 김, 이, 박, 최, 정씨의 조상도 그 옛날에는 중국이나 몽골에서 이주하여 왔을 것이다. 거슬러 올라가면 노아의 한 자손일 것이다.

왜 뿌리공원에는 시조 또는 중시조에서 파로 갈라진 조상들의 이름을 새긴 돌비가 세워졌을까. 과연 내가 어떻게 하여 이 자리에 서 있을까를 더듬어봄으로써 족보공부를 할 수 있는 계기를 마련하였다고 볼 수 있겠다.

1985년 인구조사에 의하면 275성 3,349본관인 것으로 나타나 있다. 우리나라 성씨는 구성과 개념이 특이하여 성과 본관은 가문을 나타내고 이름은 가문의 대수를 나타내는 항렬과 개인을 구별할 수 있다. 가문의 계대까지 알 수 있게 되어 있다. 현대사회는 여기에 얽매이지 않아 이런 방식이 차츰 희미하게 되어가고 있다.

이곳 뿌리공원은 숭조 위선의 정신으로 화목과 우의를 돈독히 하고 충효의 실천으로 민족의 얼을 빛내는 데 그 목적이 있어 보인다.

우리나라 성씨의 본관이 275성이지만 이곳에 조성되어 있는 조형물 기념탑비는 135성씨의 조형물이 서 있었다. 아직까지는 50% 남짓 참가한 편이다.

조형물 한 기를 세우는 데 드는 비용은 첫째 땅을 사는 돈과 조형물을 만드는 데 드는 비용이 약 3,000만 원이 소요된다고 하였다. 참가하고 싶어도 재원이 문제될 것 같았다.

오늘도 이곳을 찾는 관광버스가 쉼없이 찾곤 한다. 족보 박물관도 관광의 한 몫을 차지하는 것을 볼 수 있었다.

충효정신의 요람이 될 수 있도록 만든 테마공원은 문화교육공원으로도 또한 가족공원으로 자연경관을 배경으로 한 도심 속의 뿌리공원을 돌아보면서 한 민족의 뿌리 공부를 하기에 하루해가 짧기만 하였다.

대구의 우현서루友弦書樓

책방을 보통 서점이라고 부른다. 다른 말로는 서림書林, 서관書館, 서적書籍, 서방書房, 문고文庫, ○○堂(예 明文堂, 哲也堂; 大邱에 있었음)이라 한다. 서루書樓란 처음 듣는 말이다.

며칠 전 모 일간지의 조용헌 살롱에 '대구의 우현서루友弦書樓'란 글이 있었다. 구한말에 대구에 우현서루란 서점 겸 독서실을 겸한 곳이 몇 년간 운영되었다는 내용이었다.

사람을 교육하는 방법은 무엇일까?

두 가지 방법의 결합이 있다는 설명이었다. 하나는 독만 권서讀萬券書이고, 다른 하나는 행만리로行萬里路란다. 만 권의 책을 읽고 그 다음에는 만 리를 여행해 보는 것이다. 책을 안 보고 여행을 하면 나와 세상 사이에 스파크가 덜 튄다. 나와 세상이 부딪쳐서 일어나는 스파크가, 공부가 되고 내공이 되는 것 아니겠는가? 스파크가 없으면 공부가 안 된다. 우선 책을 많이 보아야 한다는 것이다. 구한말에 나라가 망하는 조짐이 보이자 대구의 소남小南 이일우李一雨 선생은 우현서루를 세워 인재양성을 꾀하였다고 하였다. 이일우 선생은 구한말 대구 갑부였던 이장가李蔣家의 후손이었다 한다. 이 집안의 1,400석 재산 가운데 절반을 친척 자손들의 장학금으로 내놓고 절반을 우현서루를 운영하는 데 투입하였다고 하였다. "나라가 없으면 지방 토호의 재력 따위는 한줌 티끌에 불과하다"는 깨달음이 있었기 때문이 아니었을까 싶다.

우현서루는 단순한 책방이 아니라 수천 권의 책이 구비된 사설도서관도 겸하였다는 것이다. 여러 사람이 와서 책을 편하게 읽을 수 있도록 숙박시설이 갖춰진 도서관 역할도 겸하였다는 것이다. 책을 보고 싶은 사람은 보름이고 한

달이고 간에 공짜로 머무르면서 공부를 할 수 있게끔 하였다는 것이다. 책을 제대로 보려면 최소한 일주일 정도는 진득하게 먹고 자면서 눌러앉아 있어야 하겠기에 말이다.

대구 사람은 물론이고 그 소문을 듣고 전국에서 뜻있는 지사志士들이 우현서루로 몰려들었다고 한다. 하루 평균 외부 방문객이 20명 정도 되었다고 하니 가히 문전성시였는가 보다.

우현서루를 출입하며 인연을 맺었던 저명인사의 숫자가 150명 정도 되었다고 기록하고 있다. '시일야방성대곡'을 썼던 황성신문 주필 장지연, 상해임시정부의 박은식, 초대 국무령 이동휘, 몽양 여운형 등이 그들이었다는 것이다.

우현서루는 6~7년 운영하다가 1910년 무렵에 일제에 의하여 강제 폐쇄되었다고 한다. 이장가의 후손으로 만주에서 독립운동을 하다가 중국군 중장을 지낸 이상정, 「빼앗긴 들에도 봄은 오는가」를 쓴 시인 이상화, 이조 건국의 연구와 IOC위원을 지낸 이상백, 우리나라 수렵의 제일인자로서 세계명포수전을 쓴 이상오(필자는 서점을 하면서 이 분의 수렵명포수전 8권이 한 질로 된 것을 수없이 판매한 적 있음) 형제가 이 우현서루를 자주 드나들었던 분으로 조용헌 씨는 기록하고 있다.

대구에서 제일 처음 책방을 하였다는 태양당 배성도 씨는 소남 이일우 선생에게 대구에서 제일 처음 서점을 한 역사를 양보하였으면 싶다.

한 가지 덧붙이자면 '반월당'이란 이름이다. 지금은 반월당 지명이 대구의 명물이다. 실물은 없고 이름만 남아 있다. 반월당 네거리는 대구의 교통 요지가 되었다. 반월당이란 유래는 어떻게 되어서 지어졌을까? 반월당 일대는 지금부터 80년 전까지만 하여도 수양버들과 아카시아가 우거진 야산으로 사람들의 통행이 매우 드문 한적한 곳이었다.

12간 도로(현 중앙대로)가 역전에서 남산동 쪽으로 개설됨에 따라 차츰 상권이 바뀌기 시작하였다. 그리하였던 이곳에 건평 61평 목조 2층 건물을 짓고 반월당이란 이름으로 백화점 영업을 시작하게 되자 차츰 집이 들어서고 사람들이 모여들어 붐비게 되었다. 이 반월당은 현 중구 남산2동 927번지 지금의 동양화재 건물 앞에 있었다. 약전골목에서 돈을 많이 번 차병곤 씨가 세웠다. 이 백화점은 한국인에 의해서 세워진 데다 주인이 대구 토박이기 때문에 일제치하에서 더욱 유명해졌는지 모른다.

어떻게 해서인지 모르지만, 해방 전후에 이념의 회오리에 휩싸여서일까 그 반월당이 문을 닫았다. 그 의문은 아직도 남아 있다. 그런데 실물 건물은 없어졌는데 아직도 그 이름이 남아 있으니 안타깝기도 하고 신비하기도 하다.

반월당이 처음 세워졌을 때 그 이름을 누가 지었을까. 필자는 늘 궁금하던 차에 이번에 우현서루를 알고 그 어원에서 약간의 힌트를 얻었다. 맞는 말이라고 할 수 없으나 추측만 할 뿐이다. 우현의 弦자는 활 쏘는 현 혹은 반달半月 현자라고 읽고 있다.

우현서루가 성 안에 있었는지 성 밖에 있었는지 알 수 없다. 활쏘기 좋아하는 친구들의 모임이 우현이었을까? 또는 반달을 노래하는 풍류의 모임이었을까?

차병곤 씨도 청년시대에 우현의 모임에 관여한 인물이 아니었을까. 궁금증은 꼬리를 문다. 어찌 되었든 반월당이란 이름이 영원히 남아 있었으면 하는 바람이다.

팔공산, 비슬산의 정기가 뭉쳐있는 대구에 누가 또다시 우현서루를 만들 수 있을까? 그런 의부義富는 없을까?

동산에 올라

대구는 팔공산과 비슬산으로 둘러싸인 분지로 펼쳐져 있다. 분지에는 작은 산이 몇 개 있다. 달성산(달성공원), 두류산(두류공원), 아미산(보현사 근처), 봉산(제일여중), 수도산 그리고 동산(동산의료원)이 있다. 산이라지만 지금은 산의 모습은 없어지고 그 자리엔 집들로 채워져 있어 그 옛날의 모습은 없다. 지난 7월 초 대구수필가협회 회원들이 동산에 올라 흘러간 옛 이야기며 수필과 다른 장르가 어우러져 동산병원 마펜홀에서 한마당 어울림을 가졌다. 여기에 동산의료원이 있는 동산을 생각해 보면서 지나간 백십여 년을 거슬러 올라가 보았다. 그 옛날 이곳은 어떤 모습이었을까 궁금한 것이 한두 가지가 아니다.

여기에 웃지 못할 에피소드가 있다. 달성공원과 더불어 동산은 수세기 동안 달성 서씨의 땅이었다. 사람이 죽으면 몰래 묻는 밀장과 어린아이가 죽으면 애장을 하는 곳이기도 했다. 지금 동산병원 자리가 길손이 말을 매어두고 물과 풀을 먹이는 역사이기도 하였다 한다.

동산의료원이 30년 전만 하여도 남산동 1번지었다. 동산병원에서 남산초등학교와 경북공고가 있는 곳까지 서씨 종중의 땅이었기에 대단한 부자였는가 보다.

이 동산이 선교사의 손에 들어간 것은 1895년이었다. 대구 지부를 선교구역으로 맡았던 배위향William M. Baird 선교사가 달성 서씨 종중에 찾아가 "이 산을 팔 수 없습니까?" 하니 처음엔 팔지 않겠다고 하다가 "얼마 주겠소?" 하니 선교사는 시세의 배는 주겠다고 하니 그때 돈으로 220냥으로 낙찰되었다는 것이다. 서씨 종중은 하늘에서 떨어진 복덩이인가 하고 속마음으로 기뻐하였을 것이다. 선교사는 선교사대로 여기 넓은 땅 위에 병원, 학교, 주택 등을 지을 수 있을 것이니 기뻐하였을 것이다. 1899년 12월 24일 한옥 한 채에 미국 약방(현재 동산의료원 박물관에 미국 약방이란 사진이 있음)의 간판을 걸고 개원한 것이 제중원의 시작이었으며 나중에 동산기독병원으로 개칭되었다가 오늘의 동산의료원이 된 것이다.

동산병원 초대 원장이었던 존슨Woofbridge Odlin Johnson이 미국에서 사과나무 묘목을 대구에 가지고 온 것이 대구가 사과 고장으로 유명하게 된 기원이다. 그 사과나무의 후예가 현재 동산의료원 선교 박물관 옆에 우뚝 서 있다.(전재규 장로 증언) 1899년에 동산 서쪽의 땅도 구입하였다. 1902년에 희도학교(종로초등), 1903년에 구입한 땅에 벽돌집 제중원을 지었으며, 1906년 계성학교를, 1907년 신명학교를 세웠다는 기록이 있다.

110여 년의 세월이 흘러가는 동안 이 동산은 많이 변하였다. 동산의료원과 간호전문학교 뒤쪽 담쟁이 넝쿨이 푸르름을 더해가는 돌담을 걷다 보면 왼쪽으로 정원수로 감싸인 건물이 나온다. 그 건물 앞에 대구지방문화재 24호란 말뚝이 서있다. 말뚝이 없으면 그냥 지나칠 뻔한 이 건물은 곁에서 보기에 아주 평범한 주택이다. 그 옆에 챔니스 주택 25호, 또 한 채 26호가 문화재로 지정되어 있음을 본다. 가이드의 설명에 의하면 주택을 받치고 있는 주춧돌이다. 1905년 대구 성곽을 쌓았던 돌이 여기에 놓여있다. 선교사가 집을 지을 때 돌을 운반하여 오면 돈을 주겠다고 하니 너도 나도 버려지고 묻어지는 돌을 옮겨왔다고 했다. 다행히 그때의 성곽돌을 조금이라도 볼 수 있으니 감개무량하다. 동산의 제일 높은 위치에 있는 아주 평범한 주택이다. 다가가 철문을 열고 첫발을 들여 놓는 순간 생각이 바뀌기 시작한다. 1906년부터 1910년에 건축되어 스윗즈를 비롯 계성학교 4대 교장 핸드슨 그리고 계명대학교 초대학장 (켐밸)감부열 등의 선교사들이 살아온 이 건물은 여러 곳에서 전통한식과 양식을 절묘하게 조화시키고 있음을 알 수 있다.

1999년 10월 1일 동산의료원 100주년 기념 비석에는 '여호와 이레'란 글자가 새겨져 있다. 이곳 동산이 대구의 근대문화를 꽃피운 예비된 곳이란 의미가 새겨져 있다. 돌

위쪽에 최근에 만든 조형물이 있다. 초기 동산병원을 지을 때 현관 출입문 형태다. 그 조형건축물을 영원히 기념하기 위해 여기 세운 것 같다. 최근 대구 제3호선 공사로 서문시장과 동산병원 도로 확장으로 현관문이 헐리게 되어 이곳에 옮겨온 것이란다. 필자는 이 건축물과 남다른 감회가 있는 것이다. 1920년 동산병원을 현대식 건축을 할 때 나의 이모부[咸根永]가 이 공사를 하셨다는 것을 전해 들었다. 동산을 가로질러 99계단이 있다. 이 계단은 '3・1 독립운동 거리'라고 부른다. 계성, 신명학교 학생들이 여기에 모여 동산파출소 근처에서 경북도청(포정동 현 감영공원) 쪽으로 행진하려 하였다. 현재 의료박물관 기념관에는 3・1운동 자료들이 전시되어 있어 대구 시민의 골목 투어로 자리매김하고 있다. 또한 이 거리를 '청라 언덕'이라고도 한다. 초창기 계성학교 학생이었던 현제명은 백합같이 고운 신명여학교 학생들을 동경하는 가사를 이은상 선생에게 부탁 '동무 생각'이란 노래를 지었고, 지금도 애창되고 있다. 그 기념비가 3・1운동 기념관 옆에 있는 것을 본다. 1897년 남성전교회(제일교회)가 1994년 4월 24일에 이곳으로 옮겨 지어졌고, 대구·경북의 모체라 할 수 있는 제일교회가 우뚝 서있다. 이 교회는 고 이상근 목사가 없었다면 세워지지 못하였을 것이다. 현재 이 자리에 성경학교가 있었다.

이 건물을 대구시가 문화재로 지정하려는 순간, 며칠 전 헐어버렸기 때문에 교회를 지을 수 있었다. 유형문화재 30호 남쪽 아래에 100평 남짓한 터에 8개의 무덤이 있다. 선교사들의 가족무덤이다. 그들은 이국 만리타향에서 고향으로 맺혔을 한 폭의 하늘을 인 채 이 땅에 고이 잠들고 있는 것이다.

이곳에 묻힌 미국인은 넬리디크 여사, 이 분은 대구가 잊지 못할 외국인 중의 한 사람인 제임스 E. 아담스 목사의 부인이다. 아담스 목사는 한국명이 안의와이다. 계성학교와 신명학교를 창설했고 제일교회 등 이 고장 개화기에 몸 바쳐 일한 분이다. 묘비에(1866년~1909년) '그는 죽지 않고 단지 잠들었다'고 기록되어 있다. 묘역에는 어린아이의 무덤이 있어 가슴을 뭉클하게 한다. 'OUR DARLING RUT(1918. 7.10~1919.1.28) E,&A.BERNSTEN'이라 적혀 있다. 나의 사랑하는 룻을 잊지 못해 당시 계성학교 교사의 어린애였던 무덤! 불과 7개월을 살다 간 어린이의 기념비가 오늘도 그 아이가 살아 있는 듯 느끼게까지 한다. 옛날 이곳이 애장 자리였지만 그들은 어린아이의 모습도 사랑하였다는 증거가 여기에 있음이랴!

수필과 다른 장르가 만나는 밤 마펜홀에는 잊지 못할 병원의 지침이라 할 수 있는 네 가지 구호가 눈에 선하다.

청결, 정직, 절약, 융합이었다. 이런 정신으로 선교사들이 이 땅에 남기고 간 유산이 아니런가 싶다.

신천新川 둔치

대구는 강이 없다는 말을 들어 왔다. 1950년대만 하여도 여름이면 팔달교 무태 모래밭에는 모래뜸질하는 사람들로 발 디딜 틈이 없었다. 낙동강 화원유원지에도 강수욕하는 사람이 북적거렸다. 그러나 산업화 사회로 인하여 나쁜 수질이 사람들을 내쫓아 버렸다. 대구 사람들은 팔공산과 앞산으로 발을 옮겨가야 했다. 나도 무태에서 모래뜸질과 화원유원지에서 강수욕을 한 기억이 있다. 나는 아침 일찍 자전거로 신천 둔치를 달린다. 아침운동으로는 적격이다.

여기에 신천의 유래를 찾아본다.

현재까지 알려진 신천의 유래는 팔조령에서 시작하여 용두산 밑을 통해 효성타운–건들바위–반월당–동산파출소–달성공원 앞에서 달서천과 합류, 금호강으로 흘러들어갔다고 한다. 이러한 흐름은 홍수가 나면 주민들의 피해가 많았으며, 밑으로는 평민으로부터 위로는 지배층에 이르기까지 상심이 컸다고 한다. 그러던 것이 정조 1년(1776) 이서라는 분이 대구 판관判官이 되면서 주민들의 재난을 없애기 위하여 1778년 자기 재산으로 제방을 쌓아 물줄기를 오늘날과 같이 바꾸어 신천新川(샛내)을 이룩했다는 설이 있다. 그러나 옛날에도 오늘날 신천에 물이 흘러간 흔적이 있었는데, 단지 용두바위 근처에서 둑을 만들어 물줄기를 돌렸다는 기록이 이정웅 씨의 글에서 지적되어 있다.

여름이면 대구 사람들은 더위와 싸운다. 왜냐하면 강이 없기 때문이다. 전국에서 제일 더운 곳이 대구란 꼬리표가 따르기 마련이다.

강물이 없는 대구를 어떻게 하면 대구의 쉼표적인 휴식공간을 만들 수 있을까 하여 1995년부터 대구시는 신천

둔치를 개발, 시민들의 휴식공간으로, 체력수련장으로, 문화공간으로 가꾸어 시민들에게 제공할 수 있을까를 계획하고 해마다 신천을 가꾸어 왔다.

이제는 대구의 대표적 도심 하천인 신천이 날로 진화하고 있음을 본다. 밤낮없이 시민들의 발길이 몰려 생활문화의 중요한 공간으로 탈바꿈하고 있다. 수질도 점차 나아져 물고기와 새, 수달까지 활개를 치고 있다.

대구시는 신천을 '수변이용구간' '수변문화생활구간' '하천생태개선구간' 등으로 구분해 환경친화적 2차개발계획을 세워 더 진화시킬 것이란다.

신천이 이미 문화공간으로 자리 잡아 어린이 놀이터, 젊은이와 장년층들의 운동장, 노인들의 여가 공간, 가족들의 쉼터, 연인들의 데이트 공간으로까지 활용되고 있음을 본다. 여름이면 물놀이장, 겨울에는 썰매장으로 이용하고 있음을 본다. 사람과 나무와 자전거, 잉어와 붕어와 꺽지, 흰뺨검둥오리와 백로가 어우러져 생태생활문화공간으로, 시민들의 친숙한 하천으로 각광받고 있음을 본다.

신천은 새벽부터 밤늦게까지 쉴 틈이 없다. 동이 터 올

때부터 시민들을 맞이하고 있다. 특히 신천은 노인들에게 최고의 오락실이다. 게이트볼, 배드민턴은 물론 장기, 바둑 등 그늘이 있을 만한 곳이면 어김없이 노인들의 휴식처가 되고 있다.

올해 만들어진 우레탄 재질의 자전거 전용도로는 얼마나 많은 사람들이 달리는지 모른다. 나는 자전거로 달리면서 아는 사람들을 만나면 제일 기쁘다. 여기에 외국 사람들이 심심찮게 조깅을 한다. 그들에게 손을 흔들어 인사를 하면 너무 반가워한다.

지구는 한 가족이다. 아직까지는 나무가 부족한 것 같다. 계속 나무를 심고 있다. 이미 심어서 자란 나무 그늘은 점심시간이면 최고의 식탁을 제공한다. 소풍 나온 기분을 만끽하는 시민들의 발길도 잇따르고 있음을 본다. 작년부터 가창교와 상동교 사이에는 야외수영장이 있어 피서에도 제격이다. 도랑 치고 가재 잡는다는 말도 실감할 수 있다. 아침 단체운동 시설은 동·서 양쪽 둔치에 다 있다. 동쪽 둔치에는 수성구쪽의 사람들이, 서쪽엔 남구, 중구 사람들이 주로 이용하고 있다. 아침 5시 30분이면 젊은 여성이 지도하는 에어로빅 체조를 로고송에 따라 같은 율동으로 열심히 하는 몸놀림을 멀리서 지켜볼 때 하루의 즐거움을 여기서 찾는 것 같다.

금년에는 자주 비가 내려 많은 물이 흘러 어느 때보다 상쾌한 아침을 선사하고 있다. 물이 적을 때는 신천 끝에서 흐른 물을 전기로 끌어올려 다시 밑으로 흘려보내고 있다. 군데군데 설치된 보는 물의 흐름을 조절한다. 오리 황새는 물고기를 잡아먹으려고 보 밑에서 물고기의 이동 통로를 주시하고 순간적으로 공격한다. 그 자세를 보노라면 신비감이 느껴진다.

신천 둔치는 대구 시민의 체력단련장, 물고기의 보금자리, 새들의 서식지로 서로 어우러져 활력 넘치는 공간으로 진화하고 있다. 대구 시민에게 효자 역할을 톡톡히 하고 있다.

앞산을 오르며

앞산은 대구 사람의 허파이다. 아침이면 수많은 사람들이 오른다. 좋은 공기를 마시기 위해 상쾌한 아침에 등산을 한다. 건강을 유지하기 위해서다. 앞산에는 안일사, 큰골, 고산골 등 좋은 코스가 있다. 길목마다 운동시설을 잘 갖추고 있다.

많은 등산객은 나름대로 운동을 즐긴다. 어떤 사람은 부자유스런 몸을 이끌면서 산을 오른다. 84세 되는 노인 분에게 이렇게 산에 오르는 이유를 물었다. 대답하기를 "내가 만일 여기 오지 않는 날이면 반 죽은 몸이나 다름없지." 하셨다. 걷기운동을 함으로써 10년을 더 건강하게 살다 가지 않겠나 하셨다. 건강할 때 건강을 지켜야겠다는 생각을 갖게 한다.

산을 오르다 보면 나무와 물과 대화를 한다. 하늘이 단단한 밧줄로 나뭇가지를 당기어 올리는 것일까. 가지를 뻗쳐서 구름을 잡아당기는 것일까. 뿌리를 뻗쳐서 물줄기를 끌어당기는 것일까. 두 손을 뻗쳐 올려 하늘까지 당기는 듯 나무는 하늘을 향해 자란다. 이 나무들 중에는 1960년대쯤 우리들이 심은 나무들도 있다. 그때는 우리 키보다 작은 나무들이었다. 한 자리에 서 있으면서 묵묵히 우리 사람 키보다 몇수십 배 자라 하늘을 가리고 서 있다. 사람들에게 시원한 공기를 공급하고 있다.

나무는 새들을 불러 앉힌다. 밤이면 은하수를 불러 오순도순 속삭인다. 나무는 제 스스로 잎들을 보내고 그림자도 보낸다. 조금씩 보내면서 사계절을 묵묵히 지키고 있다. 하늘을 우러러 살고 땅을 바로 보며 대지를 지킨다.

산이 있으면 길이 있다. 길은 물 따라 나 있다. 비가 갠

날이면 물은 노래하며 흘러간다. 물은 우리 인간의 감각기관으로 감지할 수 있는 유형체 중에서 가장 부드럽고 무르며 유약한 물체인데도 모든 생명체의 근원이 되어 생명의 활력을 계속 유지시켜 주는 원동력이 되어 주고 있다. 생명체의 힘은 물에서 나온다고 해도 과언이 아닐 것이다. 물은 앞서거니 뒤서거니 서로 다투지 않고 화평을 이룩한다. 물이 아래로 흐르는 것은 모자란 곳을 채워서 수평을 이루려는 성질을 가지고 있다. 수평을 이루고 나면 더 높게 계속 채워진다. 어느 곳을 많이 채워주고 덜 채워주고 하지 않는다. 어느 곳이나 공평하게 채워주면서 수평을 유지한다. 어느 한 곳도 불만스러운 곳이 없게 하여 평온을 유지시켜 주는 것이 물의 품성인 것 같다. 이런저런 생각에 잠기면서 한 발자국 한 발자국 걸어 오르면 물이 솟아나는 물탕에 이른다. 높은 고지에까지 물이 솟아 나오는 것을 볼 때 물리적 설명은 어렵기만 하다. 물탕에는 작은 쪽박이 걸려 있다. 한잔의 물은 갈증을 가시게 한다.

물맛을 모르는 사람은 행복을 모른다고 하였던가. 짜릿한 물맛을 체험해 보지 못하면서 물맛의 진미를 논할 수 있을까!

발걸음은 다시 물 따라 산을 내려간다. 물은 흐르기만 하고 뒤돌아보지 않는다. 잘했건 못했건 간에 지난일은 돌아보지 않을 뿐 아니라 잊어버린 듯하다. 어느 곳에서 온 것조차도 따지지 않는다. 오직 앞만 보고 갈 길만 재촉하고 무슨 일을 할 것인가의 고민도 하지 않는 듯하다. 그런데도 꾸준히 최선을 다하는 모습이다.

사람은 내력을 되돌아보고 잘못된 것을 따지고 더 잘하려고 애쓰다 보니 오히려 그르치는 일이 더러 생기는지도 모르겠다. 때로는 지나온 과거를 따지고 규명하는 일에 매달리다 보면 세상은 흘러 흘러서 따라잡지 못할 지경에 있을 때도 있다. 그래서 인간은 역사적 동물이라 하지 않았던가.

물은 자신을 버려 남을 배려한다. 모든 것을 씻어주는 물이 없었더라면 세상은 온통 오물투성이였을 것이며 사람의 몸도 예외는 아니었을 것이다. 세상의 모든 오물을 씻어주다 보면 자신은 오염이 되어서 쓸모없는 오수가 될 것을 알고 있으면서도 그 일을 마다하지 않고 묵묵히 그리고 착실히 자신의 소임을 다한다. 그렇게 좋은 일을 하였는데도 물은 버림을 당한다.

여름이면 이 계곡에서 자주 발을 담그고 물의 고마움을 맛본다. 이렇게 고마운 물을 고마운 마음도 없이 흘려보내고 있지나 않나 하고 나를 되돌아본다. 이 물은 땅 속으로 또는 지상으로 막연하게 흐르다보면 정화되어 다시 사람에게로 되돌아와서 자신을 쓸모없다고 버렸던 사람을 또 씻어주는 일을 한없이 되풀이한다.

자신의 노동력이나 수고에 관한 보상을 반드시 바라는 사람과는 너무나도 상반되는 상황이라고 할 수 있다.

자연환경이 아무리 중요하다고 하지만, 그 자연환경에 물이 없었더라면 중요한 자연환경마저도 살아남지 못하여 사막이 되었을 것이다. 물이 존재한다는 그 자체를 너무나도 당연한 것으로 여겨 그 소중함을 모르고 살아가는 우리들이 될까를 되짚어 본다.

이 아침도 앞산에 오르고 내려오면서 나무, 물, 새, 구름, 높은 하늘을 바라보면서 하루 일과를 시작한다.

이집트 이스라엘 요르단 기행

지난 4월 18일 인천공항을 이륙한 지 1시간 반을 지나 상하이 포동공항에서 잠시 쉬고, 중국의 히말라야 고원을 날아 카타르공화국 도하에 도착하였다. 카타르는 우리나라와 축구로 대결한 나라이다. 중동의 싱가포르로 자처할 작은 나라로 관광 수입으로 승부를 거는 나라이다. 최신 비행기로 여객을 친절로 영업하는 모델이기도 하였다. 여기서 이집트 룩소로 비행기를 바꾸어 탔다. 이집트 입국수속을 마치고 호텔에 투숙, 룩소는 이집트의 옛 수도로 베스트셀러로 우리나라에 많이 알려진 '람세스' 소설로 간접 경험이 있는 곳이다. 룩소는 이집트 남쪽에 있다. BC 1300여 년 전 화려한 문화를 꽃피운 세계 문화의 원조라 할 만큼 지금도 흘러간 옛 자취가 웅변으로 말하여 주고 있는 듯하였다. 나일강을 가운데로 하여 왕가의 계곡이 있다. 동쪽인 하셉투스 여왕의 신전, 멤노의 거상, 카르낙 신전이 있으며 서쪽엔 왕들의 무덤이 널려 있다. 무려 64개의 왕들의 무덤이 산중턱 깊은 굴로 된 무덤이 그 옛날 부활을 꿈꾸고 시체를 미라로 봉하였던 흔적들이 있었다. 한편으로 신하와 종들의 무덤도 부지기수였다. 3300여 년 전 백성들은 왕들을 위해 얼마나 많은 목숨을 바쳤을까!

룩소에서 다음 날 밤기차로 카이로로 향했다. 기차는 두 사람씩 자면서 여행하는 기차였다. ZOSAR HOTEL에 여장을 풀고 카이로에서 가까운 곳에 피라미드를 답사, <카프>와의 묘실로 꾸며진 147m 높이의 구조물 통로를 따라 내부를 둘러보았다. 책에서만 보아 왔던 피라미드와 스핑크스는 참으로 불가사의한 걸작이었다. 지금 이집트인들은 자기들의 조상들이 쌓아 놓은 불멸의 공든 탑으로 하여금 세계 각처에서 얻어지는 관광수입으로 살고 있으나, 좀처럼 빈곤에서 헤어나지 못하고 있음을 보았다. 카이로 시내에 있는 콥틱교회(애굽 역사 속에서 변질된 기독교파)와 아기 예수 피난교회(헤롯의 핍박을 피함), 그리고 모세 기념교회를 둘러보았다. 한국 종이는 닥나무로 만드는 것을 연상, 종이 원료라 할 수 있는 파피루스 종이 공장에 들러 직접 종이를 만드는 것을 보면서 인류는 그 옛날부터 무엇인가 기록으로 남기기를 원하였던 신기함을 느끼기도……. 버스편으로 <수에즈>운하(지하 2.5㎞)를 통과, 시나이 반도에 이르렀다. 사막길이 지금은 아스팔트 포장이 잘 되어 있었다. 군데군데 푸른 농장이 생겨나고 있었다. 몇 년 전만 하여도 거둘 것이 없었는데, 최근에 나일강물을 이용하여 농작물을 생산한다고 하였다. 얼마를 달려 '마라'의 샘(모세가 쓴 물에 막대기를 던져 단물로 만들었다지만 현재는 흔적만 남아 있음)과 이삭의 우물(야곱이 원주민에게 빼앗겼던 우물로 현재는 흔적만)을 둘러보았다. 끝없는 광야 사막을 지나 밤 늦게(4월 22일) 일행은 시내산 호텔에 투숙, 이튿날 새벽 2시에 기상 약속을 하였다.

캄캄한 새벽 2시, 기상 벨이 울려 집합장소로 달려갔다. 실은 이번에 나는 큰 모험을 하였다. 대구에 어떤 성도가 시내산에 갔다 와서 다리가 나았다는 이야기를 듣고 모험을 하기로 작심하였다. 평지는 100여 m를 잘 걷지 못한다. 이상한 것은 오르는 길은 그런대로 걸을 수 있다. 낙타를 타고 오를 수 있지만 걸어서 중간쯤 오르다가 포기하기로 하고 걸어 올랐다. 있는 힘을 다해 걸어 올랐다. 이윽고 2,285㎞의 정상을 정복, 모세가 십계명을 받았다는 곳(모세기념교회가 정상에 있음)에 설 수 있었다. 내가 생각하여도 기적 같았다. 일행은 아침 해맞이를 하면서 베두인(사막이나 산, 광야에서 가축을 주업하는 사람)의 가게에서 가져온 라면을 맛있게 먹고 박만석 목사 사회로 산상예배도 드렸다.

시내산 입구엔 캐더린 수도원이 있다. 희랍 정교회 소속의 수도원, 19세기 중엽 독일 학교 뒤센도르프 백작이 시내산 사본을 발견한 곳, 4세기 중엽에 필사된 것으로 신약성경 자체가 수록, 사본으로서는 가장 오래되고 현재 런던 대영 박물관에 소장, 이번 여행에서 느낀 점은 희랍 정교회의 손이 끼친 곳이 여러 곳 있음을 보았다.

이집트에서 이스라엘의 국경을 통과하는 과정은 엄격, 왜냐하면 테러의 반발을 막기 위함이란다.(우리가 지나온 2일 후 국경 근처에서 테러가 발생 18명이 죽고, 30여 명이 중상을 입은 사건이 발생) 하마터면 답사도 못하고 돌아올 뻔하였다. 며칠간 국경이 폐쇄되었기 때문이다.

■ 마사다 이스라엘에 가면 마사다에 가게 되어 있다. 마사다에 가지 않고는 이스라엘을 봤다고 할 수 없다. 왜냐하면 2000년 전 이스라엘이 멸망할 때 마사다에서 967명이 함께 자결한 곳이기도 하다. 내가 이스라엘에 갔을 때 450m 높이 요새를 걸어서 올라갔다. 지금은 케이블카가 놓여 있어 쉽게 올라갈 수 있다고 한다. 서기 66년경 당시 로마 군인들이 요새 위에 이스라엘 민족주의자들이 결사 항쟁을 각오하고 가족들이 그룹을 지어 공격하는 군인들과 무려 3년을 버티다가 결국 자결한 비극의 최후를 치른 곳, 이스라엘정신이 숨어 있는 곳이다. 1948년 이스라엘이 독립 후 아랍 국가들과 세 번 전쟁, 세 번 이긴 이스라엘인의 정신을 여기 마사다를 봄으로써 짐작케 된다.

이스라엘 사관생도들이 졸업식을 여기서 한다고 하며 이스라엘 국기를 부여잡고 다시는 물러서지 않겠다고 다짐하는 곳이다.

■ 사해 사해는 죽음의 바다를 넘어 지금은 온갖 화학약품을 개발, 외화벌이의 보고, 일행은 바다에 뜨는 체험을 해 보기도, 해마다 500만 명의 성지 순례 여행객들이 이스라엘에 돈을 보태주는 모습이기도.

■ 쿰란 1947년 한 목동에 의해 금세기 고고학의 최대 수학, 사해사본이 발견(사해 부근에 있기에), 질그릇 항아리에서 베두인 소년이 굴 안에 여러 개의 질그릇 항아리에서 양피로 된 두루마리를 발견, 이것을 예루살렘에 가. 한 장 팔아서 돈을 많이 받았는데, 떨어진 반조각도 보여주니 돈을 더 많이 받았다. 이것을 매입한 장사꾼(아마 학식 있는 분)이 미국여행객에 팔아넘겨, 뉴욕 경매시장에 내놓았다는 소문을 히브리대학 고고학 교수가 알고 이스라엘 당국으로 하여금 고가를 지불하여 되찾았다는 것이다. 이것이 현재 이스라엘 박물관에 소장, 지금 사용하고 있는 성경(구약)과 당시 사본이 일치하기에 더욱 가치 있

는 것임. 1947년 11개의 동굴에서 약 800개의 두루마리는 쿰란 공동체(기원전 1세기 한 종파가 종말이 올 것임을 예견하였음)가 AD 68년 로마 군대에 의해 멸망하였으나 사본이 남아 있었다. 드디어 예루살렘에 입성 예루살렘 호텔에서 새벽 주일 예배를 드리고 헌금은 대봉교회 1년간 히브리대학에 견습 유학생으로 있는 박현규 학생에게 전달하였다.

■ 갈람산 예루살렘 동쪽에 있는 산(산이라기보다는 현재는 도시) 아래로 유대인의 공원묘지가 있다. 기드론 골짜기가 있으며, 시온산을 중심하여 유대인 구역, 아르메니안 구역, 아랍인 구역, 기독교 구역으로 된 예루살렘 시가지가 형성되어 있다. 감람산 꼭대기에는 예수 승천 교회가 있으며, 8각형으로 된 교회로 지금도 아랍인이 교회를 관리하고 있었다. 예수님께서 예루살렘성을 내려다보고 기도하시면서 울었다는 곳이기도.

■ 주기도문 교회 로마제국 콘스탄틴누스 황제가 기독교를 공인한 후 이 교회를 세우도록 하였으며, 예수 탄생교회, 성묘교회, 눈물교회, 겟세마네교회(만국교회), 막달

라 마리아 교회를 둘러보고 예수님이 다니시던 길을 걸었다. 골고다 언덕교회를 따라 걸으며 베데스다 연모의 위치를 멀리 바라보면서 예수님이 재판을 받고 무덤에서 살아나신 지점을 구성해 본다.

- 제1지점: 빌라도 법정이 있었던 곳, 지금은 오마리야라는 아랍인 학교가 있음
- 제2지점: 예수가 로마병사들에게 채찍을 맞은 것을 기념(채찍교회)
- 제3지점: 예수가 십자가의 무게를 견디지 못해 처음으로 쓰러진 지점(아르메니안 정교회)
- 제4지점: 예수가 어머니를 만났다고 하는 곳
- 제5지점: 구레네 시몬이 십자가를 대신 진 곳
- 제6지점: 베로니카 여인이 땀 흘리는 예수를 위해 손수건을 건네주었다는 지점
- 제7지점: 예수께서 두 번째로 넘어진 곳
- 제8지점: 예수께서 나를 위하여 울지 말고 너와 네 자녀들을 위하여 울라 하신 곳
- 제9지점: 예수가 골고다 바로 앞에서 세 번째로 넘어진 곳

- 제10지점: 로마 병사들이 옷을 벗긴 곳
- 제11지점: 예수를 십자가에 못 박은 곳
- 제12지점: 예수를 매단 십자가가 서 있는 곳
- 제13지점: 십자가에서 예수를 내려놓은 곳
- 제14지점: 예수가 묻히셨던 곳
- 제15지점: 성묘교회가 있으며 마가의 다락방, 다윗의 가묘가 있다.

통곡의 벽을 보기 위해 순례하는 다른 나라 사람을 만나 "저는 한국인입니다. 당신은 어느 나라에서 왔습니까?" 하고 물었을 때, 일본, 대만, 필리핀, 인도, 인도네시아, 레바논, 그리스, 스페인, 폴란드, 영국, 미국, 덴마크 등 예수를 믿는 지구촌 사람들이 국경을 초월하여 왔음을 보고 감동하였다. 아쉬운 발걸음을 뒤로하고 갈릴리 호수(해변) 쪽으로 달렸다. 가이사리야 빌립보를 보고 예수님이 자랐던 나사렛에 갔다. 목수의 아들로 여기서 오래 사셨다. 마을 주민 대다수 사람들이 아랍인이었다. 간판 글씨가 제일 먼저 아랍말, 두 번째가 히브리어, 영어 순이었다. 성 요셉 성당을 둘러보고 조금 지나 가나안 혼인 잔치교회에 갔다.

주님이 제일 처음 물로 포도주를 만든 기적이 있었던 곳.

■ 갈릴리 호수 예루살렘으로부터 북쪽으로 약 150㎞ 떨어진 곳, 유대교의 율법 중심주의에 반대한 예수님의 복음 선교 활동의 중심지였던 곳, 제자 베드로, 안드레와의 첫 만남 역시 이 곳이며, 베드로의 생가가 있었다. 가버나움, 베드로 수위권 교회, 오병이어 기념교회, 팔복교회를 둘러보고 선상예배를 보는 시간에는 비가 억수로 쏟아졌으며, 풍랑도 일었으나 우리는 감명 깊게 예배를 드렸다.

■ 아마겟돈(므깃도) 멀리 갈멜 산이 보이는 곳, 제3차 대전이 여기서 일어날 것이란 성서 예언자들의 말을 연상하며 므깃도에 갔다. 므깃도는 솔로몬왕이 나라를 지키기 위해 성을 만든 곳이며 6000년의 역사를 간직한 곳이기도 하다. 므깃도를 점령하면 이스라엘을 점령하는 것이나 다름없다는 말이 현지를 보고 느낄 수 있었다. 아랍 각국들이 제일 먼저 므깃도를 점령할 것인지, 그렇게 되면 제3차 대전이 일어나지 않겠나 하는 설이 있는 것이다.

골란 호텔에서 유숙, 마지막 요르단으로 향했다. 국경에는 1m 높이의 철조망이 요단강 물줄기를 따라 이어져 있었다. 이윽고 암만에 도착. 암만은 해발보다 800m 높은 고산지에 있다. 요르단은 요단강에서 따온 나라 이름, 아랍 나라 가운데 이집트와 함께 이스라엘과는 우호적 나라이다. 1차 대전 이전에는 지금과 같이 작은 나라가 아닌 방대한 부족 집단의 형태인 것이 제1차 대전이 끝나고 지금과 같은 나라로 된 것이다.

■ 베다니 베다니란 명은 이스라엘에도 있다. 예수님이 세례 요한으로부터 요단강에서 세례를 받았다는 베다니가 틀림없다 하여 요한 바로 11세가 이 곳을 방문, 인증한 곳을 둘러보았으며, 엘리야가 승천한 곳이라 하는 지점(다리가 있음)을 멀리서 봄.

■ 느보산 모세가 하나님의 명령을 따라 가나안 땅을 바라보라고 지시 받은 산(신명기3:27)이며 죽은 곳(신명기32:49).

현재 산꼭대기에 기념교회가 있으며, 놋뱀 조각이 서 있다. 멀리 여리고가 보였다. 여리고(이스라엘 영토 안에 있음)는 아랍인의 자치주로 요르단 국적을 갖고 있는 특수마을이라 이번 여행에 가 보지 못해 아쉬웠다.

■ 마다바: 성경에는 메드바(역대상 9:7~5)이다. AD 565년경 유스티니아스 황제 때 제작된 것으로 알려진 세계 최초, 최대의 성지(聖地) 지도로 유명, 모자이크(기원 5,6세기 모자이크 예술 문화가 발달) 교회 안 바닥에 작은 사기 조각을 박은 것으로 교회가 무너졌을 때 파괴되어 반쯤(30여 평)이 남아 있다. 지도를 만든 계기는 '동방 사람들이 유다 나라에 가기 전 이 지도를 한 번 보고 가면 쉽게 찾아 갈 수 있다.'라는 뜻으로 만들어졌다는 것이다. 지명은 헬라말(글)로 되어 있으며, 희랍정교에서 재건하였고 조지 교회 안에 있었다.

이상 여행할 성지는 반쯤밖에 못했다. 터키, 그리스, 로마 등 가 보지 못한 곳은 다음 기회로 미룰 수밖에 없다.

감사절의 유래와 그 형태

인류가 하나님께 감사를 드리는 일은 그 민족들의 사회적 상황과 역사와 종교형태에 따라 다양하기는 하나 옛날부터 지켜오던 일이다. 우로雨露를 주시어 농작물의 결실을 주심에 대한 감사와 인간의 생활이 하나님의 허락하신 물질로 이어져 있음에 대한 감사가 있다. 현실의 유지가 아니라 미래에 대한 보장됨을 감사하는 것에 그 감사의 근본을 두고 있다. 오늘날의 기독교적인 감사의 예배와 그 행사는 다음의 몇 가지 기원에 그 배경을 갖고 있다.

◎ 유대인들의 감사절

구약에 감사의 제물을 드린 첫 기록은 카인과 아벨 형제의 제물로 비롯된다. 카인이 드린 농작물과 아벨이 드린 짐승은 농경과 유목생활의 반영이라고 생각된다. 그 후 노아의 자손들이 홍수가 끝난 후에 제사를 드린 것으로 점점 제도화되어 추수감사절이 제정되었다고 볼 수 있다. 히브리의 3대 절기를 보면 전부 추수감사절과 관련이 있는데 그 중 유월절은 원래 목축과 농경의 제사로, 애굽에서 구원받은 것을 기념하는 제사가 합쳐진 것이다. 이는 누룩없는 떡의 제사로 첫 열매의 단을 드려 나산의 달(정월-양력 3, 4월) 15일에서 21일까지 7일간 드렸다.

둘째로 추수감사(맥추)는 보리-추수를 마치고 나산의 달 16일의 첫 열매를 드리는 날로 49일째 되는 즉 스완달(제3월-양력 5, 6월) 6일이며 신약에서는 오순절이라고 한다.

셋째 장막절은 지스리달(제7월-양력 9, 10월) 15일에서 1주간(후에 8일)을 지켰던 것(참고; 레23 : 34)으로 포도, 무화과 등의 추수를 감사하며 제물을 바쳤고 후대에는 애굽을 탈출하던 이스라엘 민족이 광야의 장막 생활에서 기념하게 되었다.

그리스도 이후 구약의 유월절은 예수의 수난 주간과 부활절도 지키게 되었고 오순절도 원래 봄타작 감사절이었던 때가 후대에 와서 시내산에서 율법받은 때가 이때에 가까우므로(출19 : 1) 이것을 기념하게 되었고 마가의 다락방의 성령강림일로도 지키게 된 것이다.

◎ 유럽 교회의 감사절

성탄절, 부활절, 성령강림절의 3대 절기에 밀리어 감사에 대한 것은 특별히 나타나지 않았으나 가톨릭교회에서는 부활 후 40일 되는 날이 승천일로 목요일인데, 이전 3일을(월, 화, 수) 풍년기원제로 성도들이 연다를 외우며 보리밭을 걷는 것이다. 영국 요2의 벵글리스vinclis의 베드로교회에서도 같은 절기로 지키며 8월 1일을 베드로가 옥중에서 구출된 날로 지키기도 한다. 독일의 복음주의 교회는 성미카엘의 날(9월 29일) 다음의 첫 주일을 감사절로 지키고 있다.

◎ 미국의 감사절

오늘날의 가장 큰 영향을 준 것은 미국의 감사절이다. 이 감격스러운 역사는 영국의 국교 통일정책과 형식주의적 교회주의에 반기를 들고 필그림 파더Pilyrim Fathers(청교도)의 이야기로 이루어진다.

이들은 1607년 제임스왕의 박해로 인해 네덜란드의 암스테르담으로, 거기서 만족한 자유를 누리지 못하고 180톤짜리 작은 배인 메이플라워호를 타고 102명이 3,400마일을 68일간 항해하여, 1618년 12월 21일 북미대륙 동북쪽의 푸리무스에 상륙한 것이다.

항해도중 폭풍으로 목적지보다 북쪽에 도착하게 된 그들은 추위와 식량난을 견디지 못해 1년만에 44명, 약 반수의 인원이 사망하는 어려움을 겪게 된다. 저들은 설상가상으로 일기도 나쁘고 폐병과도 싸워가며 도착하자마자 월동준비의 격무부터 맡게 되었던 것이다.

정월 초하룻날은 하루에 세 사람이 죽어 나갔으며 인디언들에게 사람 수가 적어진다는 것이 알려지면 위험하므로 죽은 이의 장례도 변변히 치르지 못했다 한다.

이렇게 괴로운 해가 지났다. 이들이 정착한 곳에서 인디언들과 소유권, 거주권의 문제가 생겨 사모세(Samosee)라는 추장의 방문에 이어 백인 선장에게 유괴되어 스페인의 노예로 팔려갔다 도망쳐온 인디언인 스구완도(Sguanto)의 호의로 화친조약을 맺게 되었고 그 해 가을 10월에 첫 추수한 과일, 곡물로 인디언들과 함께 감사절을 지내게 되었다. 이때 사냥에서 우연히 잡은 칠면조로 인해 감사절에 칠면조 고기를 먹는 풍습도 여기서 유래하게 된 것이다.

워싱턴의 11월 26일에서 링컨의 11월 마지막 목요일로 다시 루즈벨트의 1939년에 11월 셋째 목요일로 국경일이 정해지게 된 것이다. 현재 미국의 가톨릭 교회에서는 감사주일은 없으나 신교인과 같이 지켜지고 있으며 성공회에서도 이 날에 대한 기도회가 있다.

◎ 한국의 감사절

고대 한국에서는 영고, 동맹, 무천의 제천의식으로 하늘에 대해 감사의 제를 드렸고 신라에서는 가배의 명절이 바로 신께 일년의 풍작을 감사드리는 날인 것이다. 이때는 오곡백과가 무르익고 1년 농사를 거의 마친 때라 조상을 생각하며 성묘하고 이웃과 떡을 나누어 먹고 달맞이로 젊은이들이 즐거워하는 날이다.

이렇게 지켜오던 한가위, 즉 추석과 선교사들이 전해준 감사절은 이 중 명절의 느낌이 없지 않다. 장로교의 역사를 보면 1908년 총회에서 11월 마지막 목요일로 정하였고 1921년 총회에서는 11월 넷째 주일 후 수요일로 개정하였으며 1941년 총회에서는 11월 셋째 주일로 지키게 되었다.

현재 한국교회는 농촌에서는 현물로, 도시에서는 현금으로 감사예물을 드리며 하루를 감사예배의 절기를 지키고 있다.

아프가니스탄, 그리고 잔인했던 여름

2007년 한국의 여름은 잔인했다. 무더위가 위세를 떨치고 있을 무렵 아프가니스탄(이하: 아프간)에서 봉사활동 중이던 한국 교회 젊은 청년 23명이 탈레반에게 납치되었었다. 그들 중 두 사람은 살해되었고, 살아남은 자들도 마치 죄인처럼 고개를 들지 못하고 돌아오는 모습을 보았을 때 가슴 아팠다. 사건이 일어나는 그때부터 우리 사회는 사태의 원인이 전적으로 타 종교문화를 인정하지 않은 한국 교회의 공격적이고 오만한 선교활동에 있다고 하였다.

과연 이러한 여론은 옳은가 필자는 소설가 한길언의 말을 빌려본다.

"피랍자는 내전의 와중에서 고통당하는 아프간 사람들을 도우러 간 비무장 젊은이들이었다. 이들은 장사꾼도, 관광객도, 정탐꾼도 아니고 그 나라의 어떤 정치 세력들과도 무관하였다. 납치자는 현 아프간 정부에 반기를 들고 있는 무장 탈레반 집단이라는 것을 여러 나라에서 지목하고 있다."

맞는 말이다. 납치하여 정치적인 이득을 챙겨왔다는 사실이 그 증거인 것이다. 다음으로 우리 피랍자와 외국 여러 나라에서 아프간에 들어가 봉사하는 단체에 대해 현지 주민들은 적대감을 갖지 않고 있으며 오히려 고맙게 생각하고 있었다 한다. 어린아이들은 낯선 청년들을 기다렸고, 또한 청년들 중에는 이들이 보고 싶어 생활을 내던지고 떠난 경우도 있었다고 하였다. 이들이 납치자의 석방조건으로 선교문제를 거론한 것은 전략일 뿐이었을 것이란다.

탈레반은 정치적인 목적을 이루기 위해서 자행한 폭력이 확실하였다는 것을 국제사회가 인식하고 있는 마당이다. 그런데 왜 한국의 여론과 특히 기독교 지도자들과 교회까지도 사태를 왜곡되게 인식하고 있었을까? 그것이 의도적인지 세계 인식의 취약성 때문인지 두고두고 연구해 봐야 하지 않을까 생각한다. 그런데, 분명한 것은 사태를 정확하게 인식 못하고 있는 것이 아닐까 싶다. 평소 가졌던 한국 교회에 대한 부정적이고 비판적인 인식과 이데올로기에 얽매어 있지나 않을까 싶다.

진실보다는 사람들의 관심에 더 큰 비중을 두고 있는 한국 언론의 경박성도 한몫을 하였으리라. 한국의 지성이 언론에서 자유롭지 못한 것도 한 원인이 된 것 같기도 하였다. 선교의 피로 세워진 한국 교회는 세상의 여론에 잠잠하거나 편승하려 했다고 보여진다. 원인이야 어떻든 죽음의 기로에 서 있었던 젊은이들이 두 사람 빼고 다 돌아왔으니 하나님의 은총이 아닐 수 없겠다.

제일 먼저 욕을 먹고 비난을 받아야 하는 것은 이런 천인공노할 일을 저지른 탈레반인데, 왜 피해자들 즉 납치되었던 사람들이 욕을 먹어야 하는가 말이다. 제대로 된 사람이라면 이들에게 욕을 하는 대신에 격려를 해야 하고

위로를 해 주어야 마땅할 것이다

여기서 이만식 선교사는 다음과 같은 예를 들었다.

"강도가 많이 출몰하는 어떤 동네에 처절하게 가난하여 누군가의 도움이 꼭 필요한 사람들이 살고 있는데, 어떤 청년이 그들의 소식을 듣고 너무 가슴이 아파서 그들을 도우러 가려고 하자 거긴 위험하다고 못 가게 말렸다. 그러나 이 청년은 그들을 돕고 싶은 마음에 아버지 몰래 거기에 갔다가 그만 강도에게 붙잡혀 가진 것을 다 빼앗기고 얻어맞고 몸이 만신창이 되어서 돌아왔다고 하자. 이런 아들이 있다면 아버지 말을 안 듣더니 꼴좋다고 비난하는 것이 옳은가 아니면 그 가슴속에 이웃을 돕고자 하는 따뜻한 마음을 격려해야 할 것인가? 근시안적으로 보고 아들을 꾸짖고 종아리를 때린다면 그 아이는 스스로 결심하고 매정한 인간으로 자랄 것이다. 그러나 아들의 창창한 미래를 생각하면 이런 따뜻한 행동을 격려하고 칭찬해야 마땅하지 않겠는가. 그래야 그 아이는 계속해서 선을 행하고자 할 것이고, 그런 사람이 많아지면 사회가 따뜻해지고 살맛나는 세상이 되지 않겠나."

우리나라는 북한을 비롯해 세계 170여 나라에 2만여 선교사들이 봉사하고 있다. 미국 다음으로 많은 선교사를 파송하고 있다. 아프간에는 지금이 처음이 아니고 몇 년 전부터 사회봉사를 하고 있었는데 이번에 불행한 사태가 발생하였다.

토마스 선교사가 우리나라에 복음을 전하러 왔을 때 어떻게 되었나. 대동강 어구에 배로 상륙하려 할 때 우리나라 사람들에게 돌로 맞아 순교한 토마스 선교사는 오고 싶어 왔는가. 아니다. 그들은 미지의 나라 조선에 복음을 전하려는 소명의식을 가지고 목숨을 걸고 왔던 것이다. 젊은 나이에 순교한 서양 선교사들의 죽음으로 우리가 복음의 빛을 보게 되었다. 그 복음은 다른 이에게 전하라고 우리에게 먼저 전해진 것이다. 이미 복음을 들은 영국을 비롯한 호주, 캐나다, 미국, 프랑스, 독일 등 많은 나라들 가운데 못 사는 나라가 없다.

우리나라도 틀림없이 축복이 쌓일 곳이 없도록 내려줄 것이란 것을 의심치 않는다. 아프간에 뿌려진 배형규 목사의 피가 헛되지 않을 것이다. 나는 2년 전 인도 방가로에 선교여행을 갔을 때 인도 동북부 나가랜드 지방에서 온 Bendangsowa 청년을 만났다. 그는 신학공부를 하러 그 곳에 와 있었다. 어떻게 여기 왔는가 하고 물었다. 자기가 살고 있는 나가랜드 지방은 90% 이상이 기독교인이란 것이었다. 100여 년 전에 미국 선교사들이 그곳에 와서 선교할 때 수많은 선교사들이 순교하였다. 지금도 선교사들의 무덤이 즐비하다고 하였다. 순교자들의 피는 헛되지 않았던 것이다.

여기에서 기독교를 극렬하게 배척하는 이슬람을 생각해 본다. 2002년 9월 11일 알카에다는 세계에서 제일 큰 빌딩 두 개를 비행기로 공격하여 무려 3,000여 명의 목숨을 앗아갔다. 미국 부시 대통령은 테러와의 전쟁을 선포하고 이라크, 아프간 등에 연합군의 이름으로 응징하고 있는 중이다.

마호메트를 교조로 한 세계 3대 종교 가운데 하나인 이슬람교는 어떤 종교일까? 유일신 알라에 대한 믿음을 기초로 한 종교이다. 무슬림교는 AD 614년 아리비아 반도 메카에서 마호메트에 의하여 만들어졌다. 교조 마호메트가 죽자 장로들이 모여 덕망 높은 분으로 교단을 이끌 후계자 칼리프를 선출, 추대하였다. 그런데 마호메트의 혈연 계승을 주장하면서 마호메트의 조카요 사위인 '알리'가 반발하였다. 알리는 추종세력을 이끌고 이라크의 나마주 지방으로 대 이동하였다. 이렇게 분리해 나간 사람들을 '시아파'라고 하고 선출 계승파를 '수니파'라 한다. 시아파와 수니파는 교조는 같지만 분리파와 계승자파가 지금도 원수가 되어 싸우고 있다.

AD 614년 이전까지만 하여도 유태교, 기독교의 조상들은 같은 조상이었다. 그러나 마호메트가 새로운 종교를 창시한 이후 줄곧 싸우고 있다. 이런 싸움에 세계 여러 나라는 휘말려 희생되고 있다. 이 싸움이 언제 끝날지는 아무도 모른다. 자기들끼리만 싸움을 하면 되겠지만 세계를 무대로 투쟁을 일삼고 있다. 우리나라 청년들도 이 싸움에 희생되었다. 지난여름은 지루하고 잔인한 여름이었다.

대구 지역의 사라져간 그리운 서점들

해방 전후로 하여 격변기 50여 년을 살아온 세월에 직종의 변화를 눈으로 보고 느낀 점이 한두 가지가 아니다.

1950년 이후 우후죽순으로 생겼다가 없어져간 직종을 든다면 이발소, 양복점, 문구점, 사진관, 서점 등은 아침안개와 같이 피었다가 이슬같이 사라져간 업종을 들 수 있겠다. 남아 있다고 하여도 겨우 명맥을 유지하고 있다.

없어져간 그 자리엔 패션 양장점, 식당, 여행사, 등산점포 등이 차지하는 세상으로 변하고 있음을 보고 있다.

필자는 평생 서점을 운영하면서 살았다.

우리의 선인들은 일찍부터 문화예술을 사랑하며 천하의 뜻있는 벗들과 사귀고 옛 성현들은 책 읽는 것을 미덕으로 여겨왔다. 이런 사회에서 지식의 불균형을 조정하는 기능을 가진 것으로는 서적상을 들지 않을 수 없다.

책을 통한 독서는 사사로운 이익을 목적으로 하지 않았다. 이념적으로 책을 통해 즐거움을 얻는다 해도 그것은 쾌락 자체를 위해서가 아니었다. 조화로운 인격의 완성을 위한 것이었고 문화 창달을 위한 욕구가 강하였다는 것을 말할 수 있겠다.

때론 생계의 방편으로 서점을 운영한 사례도 없지 않았다. 책이란 우리의 생활을 좀 더 풍요롭게 하는 안식처가 되는 매개의 역할을 해오지 않았나 생각해본다.

우리 생활주변에 상품은 거의 정가를 붙이지 않고 영업을 하는 것을 볼 수 있다. 그러나 처음 제작할 때부터 정가를 붙여 판매하는 것이 책이다. 정가는 그 가격표대로 받게 되어 있다. 그러나 정가를 무시하고 할인하여 판매함으로써 업종끼리 출혈을 사서 하게 된다. 때문에 돈을 벌기 위해서는 서점을 할 수 없게 마련이다. 문화사업이라 하는 서점은 이래저래 버티기 힘든 것이었다.

필자는 어떻게 해서 60여 년 월계서점이란 간판을 지켜 왔을까? 사업을 하노라면 흥하면 흥하고 망하면 망하지 하는 생각으로 무리하게 사업을 확장하는 수가 많다. 대개의 경우 투기성이 있는 사람은 거의가 문을 닫았다. 필자는 소매업에서 도매업으로 도매업에서 고서적으로 하여 명맥을 이어왔다. 비록 돈을 벌지 못하였을지라도 한결같이 한 길을 걸어 왔다.

지금도 눈을 감으면 사라져간 그리운 서점들이 떠오른다. 중앙통에 있던 서점들을 적어본다.

태양당(배성도), 계몽사(김원대), 대영당(손중태), 철야당(신삼수), 연문사(김낙중), 중앙서점(김보연), 태극도서(천용숙), 양우당(양복식), 학양사(김우봉), 본영당(구본석), 학원서점(홍수영), 삼신서적(이주복), 박서점(박수필), 대구서적(안성갑), 대우서적(정길조), 문성당(주인용), 문운당, 청운서점(임일상), 대경서점(서병진), 대덕서점(서병덕), 백영사(백씨; 대구경찰서 앞에 있었음), 제일서점(정척균), 이밖에

1954. 6. 15일에 개업한 월계서점(차석규; 남산동 국민은행 뒤편 현존)은 대구에서 가장 오랜 역사를 갖고 있다.

책방이 있었던 거리를 돌아보면 흘러간 옛 추억이 고향의 한 추억처럼 떠오를 때가 있다.